Inhalt

	Montag	Dienstag	Mittwoch	Donnerstag	Freitag
a)	Kreuze die richtige Schreibweise an! ○ *Experihment* ○ *Experiment* ○ *Experiement*	2. Person Plural von "rufen" im Futur II ________ ________	Markiere den Redesatz! *„Wir können uns morgen treffen", sagte sie.*	Fachbegriff für Einzahl ________	Ergänze eu/äu! *L____te,* *B____le,* *R____ber,* *F____lnis,* *M____ler*
b)	Anfangsformel von Märchen: ________ ________	Welche Form der Erörterung ist dargestellt?	Schreibe im Aktiv! *Mir wurde der erste Preis vom Vorstand überreicht.*	Kreuze die richtige Schreibweise an! ○ *Münchener Oktoberfest* ○ *Münchner Oktoberfest*	Dichter der Weimarer Klassik: S________
c)	Kreuze an: Jahrhundert der Epoche des Expressionismus! ○ *18. Jhd.* ○ *20. Jhd.* ○ *17. Jhd.*	Aufgabe eines Berichtes? Kreuze an! ○ *unterhalten* ○ *informieren* ○ *beides*	4 W-Fragen, die man bei einer Texterschließung beantworten sollte:	Verbinde die Sätze mit „und"! *Ich gehe gern in den Garten. Ich gieße die Blumen.*	Berichtige! *Am Dienstag Morgen kahmen die ersten Turisten.*
d)	Fachbegriff für das „Wie-Wort": ________	Richtige oder falsche Zitierweise? *„Das Leben ist zu kurz." (Z. 39)*	Was ist das für eine Grafik?	Müssen bei einer richtigen Zitierweise vorhanden sein: ________ ________ ________	Bestimme die Wortart! *bei*
	Bewertung: a) ___ b) ___ c) ___ d) ___	Bewertung: a) ___ b) ___ c) ___ d) ___	Bewertung: a) ___ b) ___ c) ___ d) ___	Bewertung: a) ___ b) ___ c) ___ d) ___	
?	Zu folgenden Aufgaben hab ich noch Fragen:				

5	Montag	Dienstag	Mittwoch	Donnerstag	Freitag
a)	Experiment	ihr werdet gerufen haben	„Wir können uns morgen treffen", sagte sie.	Singular	Leute, Beule, Räuber, Fäulnis, Mäuler
b)	Es war einmal	lineare Erörterung	Der Vorstand überreichte mir den ersten Preis.	Beide Schreibweisen sind richtig.	Schiller
c)	20. Jhd.	informieren	Wer?, Was?, Wann?, Wo?	Ich gehe gern in den Garten und gieße die Blumen.	Am Dienstagmorgen kamen die ersten Touristen.
d)	Adjektiv	richtig	Balkendiagramm	Anführungszeichen und Zeilenangabe	Präposition

Vorwort

Der Deutsch-Basis-Trainer für jeden Tag!

Wie oft stellt man im Unterricht fest, dass bei scheinbar einfachen Themen, die schon seit vielen Schuljahren sitzen müssten, Unsicherheiten vorherrschen. Aber alles stundenlang wiederholen oder Bücher wälzen? Dazu haben weder die Lehrkraft, noch Schüler, noch Eltern Zeit und Lust.

Der vorliegende „Deutsch-Basics-Trainer für jeden Tag“ soll hier Abhilfe schaffen und die Möglichkeit bieten, das Wissen zu verschiedenen Themengebieten mit kleinen – leicht in den Tagesablauf zu integrierenden Übungseinheiten – zu wiederholen, zu festigen und aufzufrischen.

Dabei werden folgende Themen – angepasst an die jeweilige Klassenstufe – aufgegriffen:

- Rechtschreibung
- Grammatik
- Sprachgebrauch
- Epochenwissen sowie
- methodisches Know-How zu einzelnen Schreib- und Anwendungsaufgaben.

Es kann sein, dass die Inhalte von Bundesland zu Bundesland etwas variieren.

Jede Vorlage enthält 20 Aufgaben für jede Woche des Jahres, vier Aufgaben für jeden Wochentag. Sie können dabei sowohl als tägliche Übung zu Hause als auch im Unterricht genutzt werden. Letzteres bietet sich besonders für (unvorhergesehene) Vertretungsstunden an. Ebenso können die Aufgaben im Rahmen von Freiarbeitsphasen oder für einen individuellen Förderunterricht genutzt werden. Eine weitere, interessante Variante ist die Nutzung im Rahmen eines Klassenquizes oder -spieles.

Um eine noch größere Individualität zu ermöglichen, kann nicht nur auf die fertigen Vorlagen der 52 Wochen zurückgegriffen werden, sondern es wurde auf Seite 83 ein Leerschema abgedruckt, auf denen selbst Übungen erstellt werden können (passendes Lösungsschema auf Seite 84). Die Lösungen befinden sich am Ende des Heftes und es kann damit durch die Lehrkraft oder die Eltern entschieden werden, ob und wie diese bereitgestellt werden. Somit bieten sich auch beim Vergleichen zahlreiche Varianten: Selbstkontrolle, gemeinsames oder nachgelagertes Vergleichen. Zudem bietet der untere Teil der Vorlage die Möglichkeit zu bewerten, wie einfach oder schwer die einzelnen Aufgaben empfunden wurden. Hierzu können die Schüler*innen einen entsprechenden Smiley notieren. Darüber hinaus kann am unteren Ende noch vermerkt werden, welche Unklarheiten und Fragen zu den einzelnen Aufgaben offen geblieben sind.

Viel Erfolg mit den Kopiervorlagen wünschen Ihnen der Kohl-Verlag und

Yvonne Krohe

Hinweis: Die Arbeitsblätter sind so konzipiert, dass die Schüler*innen zumeist auf dem Blatt arbeiten können. Aus Platzgründen geht dies bei manchen Aufgaben nicht. Hier muss ins Heft, in den Ordner oder auf die Rückseite geschrieben werden. Diese Aufgaben sind mit dem Heftsymbol gekennzeichnet.

10. Schuljahr

Yvonne Krohe

DEUTSCH 10

Basics-Trainer

Freiarbeit • Förderunterricht • Häusliches Üben

Montag	Dienstag	Mittwoch	Donnerstag	Freitag
Drei Literaturgattungen, aus denen eine Ballade besteht: ________ ________ ________	Markiere das Subjekt! *Der Schuster repariert die Schuhe.*	Dichter von „Faust I“: ________	Welches Wort passt zu welcher Wortart? Markiere farbig. *bei* – *Präposition*; *Glas* – *Substantiv*; *klingen* – *Adjektiv*; *schädlich* – *Verb*	Berühmter Fabeldichter der Antike: A________
Setze alle Zeichen! *Frank sagt Es wäre schön wenn du mitkommen würdest*	Gehört in die Einleitung eines inneren Monologes: ________	Kreuze das Adjektiv an! ◯ *leben* ◯ *lebendig* ◯ *Leben*	Bilde eine Satzverbindung mit „wenn“! *Wir gehen heute baden. Das Wetter ist schön.*	Markiere das Adverb! PROBIERENHEUTEFUCHSBUCHLÜGENOBWOHLNACHWERTGLAUBEN
Kreuze die richtige Schreib…	3. Person Plural von „lesen“ im …	Korrekte Anrede in einem …	Finde drei weitere Wörter …	Wird immer zwischen Einlei…

Grundlagen für jeden Tag!

www.kohlverlag.de

Deutsch-Basics-Trainer

Klasse 10

1. Auflage 2023

Inhalt: Yvonne Krohe
Coverbild: © Kohl-Verlag
Redaktion: Kohl-Verlag
Grafik & Satz: Kohl-Verlag
Druck: farbo prepress GmbH, Köln

Bestell-Nr. 13 053

ISBN: 978-3-98841-121-1

Bildquellen: © AdobeStock.com
S. 13: and4me; S. 27: martialred; S. 51: R-DESIGN
das verwendete Symbol Stift/Heft im gesamten Heft: Vilogsign – AdobeStock.com

	Montag	Dienstag	Mittwoch	Donnerstag	Freitag
a)	Drei Literaturgattungen, aus denen eine Ballade besteht: 1. ________ 2. ________ 3. ________	Markiere das Subjekt! *Der Schuster repariert die Schuhe.*	Dichter von „Faust I“: ________	Welches Wort passt zu welcher Wortart? Markiere farbig. *bei* – *Präposition* *Glas* – *Substantiv* *klingen* – *Adjektiv* *schädlich* – *Verb*	Berühmter Fabeldichter der Antike: A________
b)	Setze alle Zeichen! *Frank sagt Es wäre schön wenn du mitkommen würdest*	Gehört in die Einleitung eines inneren Monologes: ________	Kreuze das Adjektiv an! ○ *leben* ○ *lebendig* ○ *Leben*	Bilde eine Satzverbindung mit „wenn“! *Wir gehen heute baden. Das Wetter ist schön.*	Markiere das Adverb! PROBIERENHEUTEFUCHSBUCHLÜGENOBWOHLNACHWERTGLAUBEN
c)	Kreuze die richtige Schreibweise an! ○ *Detektiv* ○ *Detektiev* ○ *Dedektiv*	3. Person Plural von „lesen“ im Perfekt ________ ________	Korrekte Anrede in einem offiziellen Brief: ________ ________ ________ ________	Finde drei weitere Wörter zum Wortfeld „gehen“! 1. ________ 2. ________ 3. ________	Wird immer zwischen Einleitung, Hauptteil und Schlussteil benötigt: ________
d)	Ein Thema des Expressionismus: G________	Antonym von „weiß“ ________	Markiere zwei Märchenmerkmale! GOTTGLASKUGELWEITERWEGZAUBERERMAGISCHEZAHLENFROSCH	Streiche die falsche Schreibweise durch! *Das Buch, das/dass ich von Oma bekommen habe, ist sehr spannend.*	Einzelne Absätze bei einem Gedicht: ________
☺ ☹	Bewertung: a) ____ b) ____ c) ____ d) ____	Bewertung: a) ____ b) ____ c) ____ d) ____	Bewertung: a) ____ b) ____ c) ____ d) ____	Bewertung: a) ____ b) ____ c) ____ d) ____	Bewertung: a) ____ b) ____ c) ____ d) ____

? Zu folgenden Aufgaben habe ich noch Fragen:

Schreibe in dein Heft, deinen Ordner oder auf ein Extrablatt!

Deutsch-Basics-Trainer • Klasse 10 – Bestell-Nr. 13 053
KOHL VERLAG

	Montag	Dienstag	Mittwoch	Donnerstag	Freitag
a)	Bestandteile eines vollständig entfalteten Arguments: 1. ________ 2. ________ 3. ________	Markiere alle Konjunktionen! DASOBWOHLVERSUCHDENNPROBLEMWEILSAGEABERZUDAMIT	Zeitform, in der Erzählungen geschrieben werden: ________	Schreibe richtig ab! BEIMLESENTAUCHEICHINDIEFANTASIEWELTAB.	Notiere zwei Merkmale von Fabeln! 1. ________ 2. ________ ________
b)	2. Person Singular von „kommen“ im Plusquam-perfekt ________ ________	Schreibe in direkter Rede! *Der Vater sagte, es sei gut, in die Schule zu gehen.*	Aktiv oder Passiv? *Das Lied wird von den Schülern gesungen.*	Notiere die Wortart! *Blaumeise* ________	Notiere die Bestandteile der wörtlichen Rede! ________ ________ ________
c)	Kreuze die Merkmale eines Krimis an! ◯ *Täter* ◯ *offenes Ende* ◯ *Tat* ◯ *übernatürliche Kräfte* ◯ *Ermittler* ◯ *Sachebene*	Finde den passenden Oberbegriff! *Hamster, Hund, Katze, Wellen-sittich*	Kreuze die richtige Schreib-weise an! ◯ *Verfahren* ◯ *verfaren* ◯ *ferfahren*	Ein berühmter Roman von Bram Stoker: D________	Markiere den Nebensatz! *Er fuhr mit dem Schiff, obwohl er seekrank war.*
d)	Ein Grund-gedanke der Aufklärung: T________	Notiere die zwei Arten von Protokollen! 1. ________ 2. ________	Notiere drei Diagrammarten! 1. ________ 2. ________ 3. ________	Gehört in die Einleitung eines Tagebuchein-trages:	Bestimme die sprachlichen Mittel! *Am Anfang strahlte die Sonne vom Himmel.*
☺ 😐 ☹	**Bewertung:** a) ____ b) ____ c) ____ d) ____	**Bewertung:** a) ____ b) ____ c) ____ d) ____	**Bewertung:** a) ____ b) ____ c) ____ d) ____	**Bewertung:** a) ____ b) ____ c) ____ d) ____	**Bewertung:** a) ____ b) ____ c) ____ d) ____
?	**Zu folgenden Aufgaben habe ich noch Fragen:**				**Schreibe in dein Heft, deinen Ordner oder auf ein Extrablatt!**

Deutsch-Basics-Trainer • Klasse 10 – Bestell-Nr. 13 053

	Montag	Dienstag	Mittwoch	Donnerstag	Freitag
a)	Nenne das folgende Reimschema! *a* *b* *a* *b* ____________	Finde drei Wörter mit unterschiedlichen Präfixen zu „greifen“! 1. ____________ 2. ____________ 3. ____________	Schreibe im Passiv! *Der Lehrer hat das Bild gezeigt.* ____________ ____________ ____________	Nenne zwei Motive der Epoche der Romantik! 1.____________ ____________ 2.____________ ____________	1. Person Singular von „küssen“ im Plusquamperfekt ____________ ____________
b)	Ein Sinnbild heißt als sprachliches Mittel … ____________	Fachbegriff für zwei miteinander verbundene Hauptsätze: ____________	Zeitform, in der eine Erörterung geschrieben wird: ____________	Was gehört in die Einleitung eines Interviews? ____________ ____________ ____________	Setze alle Zeichen! *Den Notizblock aus dem Buchladen sagte sie wünsche ich mir*
c)	Dazu sollten Aussagen im Hauptteil einer Rollenbiografie enthalten sein … Sortiere die Buchstaben. *KRACERHTA*	Berühmtes Element von „Nathan der Weise“: R____________	Bestimme die Wortart! *farblos* ____________	Kreuze die richtige Schreibweise an! ◯ *Prohblematik* ◯ *Problematik* ◯ *Proplematick*	Ja oder nein? Eine Buchempfehlung braucht eine Überschrift. ____________
d)	Streiche die falsche Schreibweise durch! *Er geht montags / Montags zum Fußball.*	Berichtige die Fehler! *Am ende des Gestrigen Tages wahr ich kaput.*	Getrennt oder zusammen? Kreuze an! ◯ *Ski fahren* ◯ *Skifahren*	Bestimme die Zeitform! *Ich werde verreisen.* ____________	Possessivpronomen von „es“ ____________
☺ 😐 ☹	**Bewertung:** a) _____ b) _____ c) _____ d) _____	**Bewertung:** a) _____ b) _____ c) _____ d) _____	**Bewertung:** a) _____ b) _____ c) _____ d) _____	**Bewertung:** a) _____ b) _____ c) _____ d) _____	**Bewertung:** a) _____ b) _____ c) _____ d) _____

?	**Zu folgenden Aufgaben habe ich noch Fragen:**	**Schreibe in dein Heft, deinen Ordner oder auf ein Extrablatt!**

Deutsch-Basics-Trainer • Klasse 10 – Bestell-Nr. 13 053

KOHL VERLAG

	Montag	Dienstag	Mittwoch	Donnerstag	Freitag
a)	Man verlängert Adjektive, indem man … __________.	Nummeriere die Schritte zum Erarbeiten des Standpunkts! ◯ *Pro- und Kontra-Argumente notieren* ◯ *Abwägen* ◯ *Standpunkt notieren* ◯ *Argumente gewichten*	Schreibe richtig ab! AMENDEZÄHLENDIEVERSCHIEDENENSICHTWEISEN.	Bezeichnung der Literaturepoche nach dem Zweiten Weltkrieg: T__________ __________	Eine Parabel besitzt: __________ __________
b)	Verberst-, Verbzweit- oder Verbletztsatz? *Geh auf dein Zimmer!*	Bestimme den Fall des unterstrichenen Substantivs! *Der Vater erzählte den Frauen vom Unwetter.*	Unterstreiche den Hauptsatz! *Das Wetter ist schön und ich gehe Eis essen.*	Bestimme die Wortart! *abermals* __________	Nenne drei typische Adjektivendungen! 1.__________ 2.__________ 3.__________
c)	Sollten bei einer Rollenbiografie zum Ausdruck kommen: G__________ *und* G __________	Setze ein: ie oder i! *L___ter* *Grammat___k* *W___dersacher* *W___derholung*	Streiche die falsche Schreibweise durch! *Eines morgens/ Morgens ging Rotkäppchen in den Wald.*	2. Person Plural von „jauchzen" im Präteritum __________ __________	Ein anderes Wort für Moral: L__________
d)	Setze alle Zeichen! *Am Samstag den 25 11 findet unsere Vereinssitzung statt*	Kreuze die richtige Anforderung an einen Bericht an! ◯ *Gedanken und Gefühle* ◯ *sachliche Schreibweise*	Notiere den letzten Schritt der Texterschließung! __________ __________ __________	Notiere die zwei Krimiprinzipien! 1.__________ __________ 2.__________ __________	Fachbegriff für Adjektive, die nicht zu steigern sind: __________ __________
☺ 😐 ☹	**Bewertung:** a) _____ b) _____ c) _____ d) _____	**Bewertung:** a) _____ b) _____ c) _____ d) _____	**Bewertung:** a) _____ b) _____ c) _____ d) _____	**Bewertung:** a) _____ b) _____ c) _____ d) _____	**Bewertung:** a) _____ b) _____ c) _____ d) _____

?	**Zu folgenden Aufgaben habe ich noch Fragen:**	**Schreibe in dein Heft, deinen Ordner oder auf ein Extrablatt!**

Deutsch-Basics-Trainer • Klasse 10 – Bestell-Nr. 13 053

	Montag	Dienstag	Mittwoch	Donnerstag	Freitag
a)	Kreuze die richtige Schreibweise an! ○ *Experihment* ○ *Experiment* ○ *Experiement*	2. Person Plural von "rufen" im Futur II ______________ ______________	Markiere den Redesatz! *„Wir können uns morgen treffen", sagte sie.*	Fachbegriff für Einzahl ______________	Ergänze eu/äu! *L____te,* *B____le,* *R____ber,* *F____lnis,* *M____ler*
b)	Anfangsformel von Märchen: ______________ ______________	Welche Form der Erörterung ist dargestellt? ______________	Schreibe im Aktiv! *Mir wurde der erste Preis vom Vorstand überreicht.*	Kreuze die richtige Schreibweise an! ○ *Münchener Oktoberfest* ○ *Münchner Oktoberfest*	Dichter der Weimarer Klassik: S______________
c)	Kreuze an: Jahrhundert der Epoche des Expressionismus! ○ *18. Jh.* ○ *20. Jh.* ○ *17. Jh.*	Aufgabe eines Berichtes? Kreuze an! ○ *unterhalten* ○ *informieren* ○ *beides*	4 W-Fragen, die man bei einer Texterschließung beantworten sollte:	Verbinde die Sätze mit „und"! *Ich gehe gern in den Garten. Ich gieße die Blumen.*	Berichtige! *Am Dienstag Morgen kahmen die ersten Turisten.*
d)	Fachbegriff für das „Wie-Wort": ______________	Richtige oder falsche Zitierweise? *„Das Leben ist zu kurz." (Z. 39)*	Wie nennt man diese Grafik? ______________	Zwei Dinge müssen bei einer richtigen Zitierweise vorhanden sein: 1. ______________ ______________ 2. ______________	Bestimme die Wortart! *bei* ______________
☺ ☹	**Bewertung:** a) _____ b) _____ c) _____ d) _____	**Bewertung:** a) _____ b) _____ c) _____ d) _____	**Bewertung:** a) _____ b) _____ c) _____ d) _____	**Bewertung:** a) _____ b) _____ c) _____ d) _____	**Bewertung:** a) _____ b) _____ c) _____ d) _____

?	**Zu folgenden Aufgaben habe ich noch Fragen:**	**Schreibe in dein Heft, deinen Ordner oder auf ein Extrablatt!**

Deutsch-Basics-Trainer • Klasse 10 – Bestell-Nr. 13 053

KOHL VERLAG

	Montag	Dienstag	Mittwoch	Donnerstag	Freitag
a)	Notiere, was in den Schlussteil eines Tagebucheintrages gehört! __________ __________	Bestimme die Zeitform! *Ich habe gelesen.* __________	Plural von Kompass __________	Finde einen passenden Oberbegriff! *Dusche, Zahnbürste, Spiegelschrank, Badteppich* __________	Verberst-, Verbzweit- oder Verbletztsatz? *Ich gehe mit meinem Hund spazieren.* __________
b)	Berühmte Märchendichter: B__________ G__________	Kreuze die richtige Schreibweise an! ◯ *endlich* ◯ *entlich*	Aktiv oder Passiv? *Das Schiff wurde von den besten Baumeistern gebaut.* __________	Bei einer Erörterung im Ping-Pong-Prinzip startet man mit …	Bestimme die Wortart! *gegen* __________ __________
c)	Schreibe im Passiv! *Ich kaufte die Wurst ein.* __________	Nenne das sprachliche Mittel! *rot wie Blut* __________	Anrede in informellen Briefen: __________ __________	Setze die Zeichen! *Wir gehen ins Kino erklärte die Tochter*	Ironie bedeutet, dass man … __________ __________ __________ __________
d)	Die Meldung ist… . Kreuze an! ◯ *meinungsäußernd* ◯ *informierend* ◯ *beides*	Streiche die falsche Schreibweise durch! *Das leerstehende / leer stehende Haus verfällt zusehends.*	Bestimme den Fall des unterstrichenen Substantivs! *Ich folge meinem <u>Herzen</u>.* __________	Markiere alle Verben! *Ich habe mir etwas Schönes ausgesucht.*	Finde drei passende Unterbegriffe zu „Büro“! 1.__________ 2.__________ 3.__________
☺ ☹	**Bewertung:** a) ____ b) ____ c) ____ d) ____	**Bewertung:** a) ____ b) ____ c) ____ d) ____	**Bewertung:** a) ____ b) ____ c) ____ d) ____	**Bewertung:** a) ____ b) ____ c) ____ d) ____	**Bewertung:** a) ____ b) ____ c) ____ d) ____

? **Zu folgenden Aufgaben habe ich noch Fragen:**

Schreibe in dein Heft, deinen Ordner oder auf ein Extrablatt!

Deutsch-Basics-Trainer • Klasse 10 – Bestell-Nr. 13 053

KOHL VERLAG

	Montag	Dienstag	Mittwoch	Donnerstag	Freitag
a)	Offene oder geschlossene Frage? *Hast du dein Buch mit?* ____________	Setze alle Zeichen! *Ich meine das Buch sagte Henry mit dem roten Einband*	Die Anekdote besitzt am Ende eine … ____________	Ein Spannungswort: p____________	In einer Parallelgeschichte muss die Textart … ____________ ____________ ____________
b)	Eine Steigerungsform des Adjektivs: K____________	Bestimme das unterstrichene Satzglied! *Die sieben Zwerge suchten <u>Schneewittchen</u>.* ____________	Eine Grundidee der Aufklärung: R____________	Dichter des Werkes „Draußen vor der Tür“: W____________ B____________	Bestimme die unterstrichene Zeitform! *Das Essen <u>hat</u> gut <u>geschmeckt</u>.* ____________
c)	Schreibe richtig ab! DASQUAKENDERFRÖSCHEISTFÜRCHTERLICH.	Streiche die falsche Schreibweise durch! *Bei einigen / Einigen muss ich mich bedanken.*	Setze die fehlenden Buchstaben ein! *Die S_____re l_____f über den Tisch.*	Imperativ von „essen“: ____________	Streiche die falsche Schreibweise durch! *Sehen wir uns abends/ Abends?*
d)	Schreibe im Passiv! *Die Frau stellt den Einkauf ins Auto.*	Kreuze die richtige Schreibweise an! ◯ *wenig gutes* ◯ *wenig Gutes*	Finde drei Wortverwandte zu „kämmen“! 1.____________ 2.____________ 3.____________	Bestimme das sprachliche Mittel! *Die Straße ächzt unter dem Verkehr.* ____________	Bestimme die Wortart! *käme* ____________
☺ 😐 ☹	**Bewertung:** a) _____ b) _____ c) _____ d) _____	**Bewertung:** a) _____ b) _____ c) _____ d) _____	**Bewertung:** a) _____ b) _____ c) _____ d) _____	**Bewertung:** a) _____ b) _____ c) _____ d) _____	**Bewertung:** a) _____ b) _____ c) _____ d) _____
?	**Zu folgenden Aufgaben habe ich noch Fragen:**				**Schreibe in dein Heft, deinen Ordner oder auf ein Extrablatt!**

Deutsch-Basics-Trainer • Klasse 10 – Bestell-Nr. 13 053

KOHL VERLAG

	Montag	Dienstag	Mittwoch	Donnerstag	Freitag
a)	Notiere die W-Fragen, die in der Einleitung eines Berichts beantwortet werden! ________ ________	Setze eu oder äu ein! h____te H____te tr____men r____men	Zeile in einem Gedicht: ________	Erster Schritt der Texterschließung: ________ ________	Setze die Zeichen! *Im Haus dessen Tür blau ist befindet sich eine große alte Schatztruhe*
b)	Berühmter Dichter der Romantik: N________	Um welches Diagramm handelt es sich? [Diagramm: x-Achse 1–12, y-Achse 0–10] ________	Ja oder nein? Hat eine Erzählung eine Überschrift? ________	Textart von „John Maynard“ ________	Ein Thema des Expressionismus: K________
c)	Anzahl der „s“ im Fachbegriff für das besitzanzeigende Fürwort ________ ________	Markiere den Redebegleitsatz! *„Wir können“, sagte er mit einem besorgten Blick zum Himmel, „lieber ins Haus gehen.“*	Sortiere den Buchstabensalat, um ein Werk zu erhalten! *NJODIRO AUELMU*	Kreuze die richtige Schreibweise an! ◯ *Erich-Weinert-Straße* ◯ *Erichweinerstraße*	Schreibe im Aktiv! *Die Suppe wird von der Köchin gewürzt.*
d)	Notiere, worin sich die Abenteuer-/Gruselgeschichte am Ende einer Erzählung unterscheidet!	Bestimme den Fall des unterstrichenen Substantivs! *Das Gefährt <u>des Opas</u> war noch fahrtüchtig.* ________	Bestimme das Satzglied! *Susann ging heute Morgen <u>in den Wald</u>.* ________	Bestimme die Wortart! *<u>Er</u> konnte keinen klaren Gedanken fassen.* ________	Schreibe in indirekter Rede! *Olga schreit: „Das darf er nicht tun!“*
☺ ☹	**Bewertung:** a) ___ b) ___ c) ___ d) ___	**Bewertung:** a) ___ b) ___ c) ___ d) ___	**Bewertung:** a) ___ b) ___ c) ___ d) ___	**Bewertung:** a) ___ b) ___ c) ___ d) ___	**Bewertung:** a) ___ b) ___ c) ___ d) ___

? **Zu folgenden Aufgaben habe ich noch Fragen:**

Schreibe in dein Heft, deinen Ordner oder auf ein Extrablatt!

Deutsch-Basics-Trainer • Klasse 10 – Bestell-Nr. 13 053

KOHL VERLAG

	Montag	Dienstag	Mittwoch	Donnerstag	Freitag
a)	Die zwei Bedeutungen des Homonyms „Bank“: 1.____________ 2.____________	Streiche die falsche Schreibweise! *„Können sie / Sie mir bitte den Weg zeigen?“*	„Erlkönig“ von J. W. Goethe ist welche Textform? ____________	Nenne das Reimschema! *a* *b* *b* *a* ____________	Gibt es im Drama: r____________ M____________
b)	Kreuze die richtige Schreibweise an! ◯ *Adresse* ◯ *Addresse* ◯ *Addrese*	Rechtschreibstrategie zur Unterscheidung von eu und äu?	Ergänze ss, s oder ß! *Der Flu____* *flo____* *____anft dahin.*	1. Person Plural Plusquamperfekt von „sprechen“ ____________ ____________	Wahr oder falsch? Eine Erörterung sollte eine Überschrift haben. ____________
c)	Unter einem Chiasmus versteht man … ____________ ____________ ____________	Markiere den Nebensatz! *Maria liest gerne Bücher, wenn sie Zeit hat.*	Notiere die Wortart! Es gibt zwei. *viel* 1.____________ 2.____________	Bestimme die Diagrammart! (Diagramm mit A, B, C, D, E) ____________	Setze alle Zeichen! *Was kann denn so schlimm sein Glück zu haben fragte er sie*
d)	Bestimme das Satzglied! *Sie lachte <u>aus Freude</u>.* ____________ ____________	Schreibe einen Passivsatz mit den Wörtern „singen“ und „Lied“.	Der Kommentar ist … Kreuze an! ◯ *informierend* ◯ *meinungsäußernd* ◯ *beides*	Zeitformen, in denen eine Rollenbiografie geschrieben wird: 1.____________ 2.____________	*„Memento mori“* gehört zu welcher Literaturepoche? ____________
☺ 😐 ☹	**Bewertung:** a) ____ b) ____ c) ____ d) ____	**Bewertung:** a) ____ b) ____ c) ____ d) ____	**Bewertung:** a) ____ b) ____ c) ____ d) ____	**Bewertung:** a) ____ b) ____ c) ____ d) ____	**Bewertung:** a) ____ b) ____ c) ____ d) ____

? **Zu folgenden Aufgaben habe ich noch Fragen:**

Schreibe in dein Heft, deinen Ordner oder auf ein Extrablatt!

Deutsch-Basics-Trainer • Klasse 10 – Bestell-Nr. 13 053

KOHL VERLAG

	Montag	Dienstag	Mittwoch	Donnerstag	Freitag
a)	Setze ss, s oder ß richtig ein! *Die Stra____e war na____, weil e____ geregnet hat.*	Plural von Hobby __________	Steigerungsformen von blau: __________ __________	1. Person Singular Futur I von „denken“ __________ __________	Bestimme das sprachliche Mittel! *Das Schiff ist im Hafen. Das Schiff liegt dort vor Anker.*
b)	Gehört in die Einleitung eines Briefes oder einer E-Mail: __________	Setze alle Zeichen! *Ich brauche einen Block einen Hefter Pinsel und Stifte*	Fachbegriff für Bindewort: K__________	Finde fünf Wortverwandte zu „kaufen“! 1.__________ 2.__________ 3.__________ 4.__________ 5.__________	Bestimme die Wortart! *morgen* __________
c)	Streiche die falsche Schreibweise durch! *Am Ersten Mai/ ersten Mai gehen wir wandern.*	Bestimme das Satzglied! *<u>Neulich</u> gingen wir ins Theater.* __________ __________	Streiche die falsche Schreibweise durch! *Am Samstagmorgen / Samstag Morgen gehe ich Brötchen holen.*	Schreibe in indirekter Rede! *Lea sagt: „Ich komme mit.“*	Notiere, welche Fragen im Schlussteil eines Berichts beantwortet werden! __________
d)	Schreibe im Aktiv! *Der Herd war vom Koch angelassen worden.*	Dichter von „Emilia Galotti“: L__________	In den Schlussteil eines Interviews gehören … 1.__________ 2.__________	Streiche die falsche Schreibweise durch! *Wiedersacher/ Widersacher*	Bestimme die Zeitform! *Rotkäppchen <u>war</u> in den Wald <u>gegangen</u>, als der Wolf kam.* __________
☺ ☹	**Bewertung:** a) ____ b) ____ c) ____ d) ____	**Bewertung:** a) ____ b) ____ c) ____ d) ____	**Bewertung:** a) ____ b) ____ c) ____ d) ____	**Bewertung:** a) ____ b) ____ c) ____ d) ____	**Bewertung:** a) ____ b) ____ c) ____ d) ____
?	**Zu folgenden Aufgaben habe ich noch Fragen:**				**Schreibe in dein Heft, deinen Ordner oder auf ein Extrablatt!**

Deutsch-Basics-Trainer • Klasse 10 – Bestell-Nr. 13 053
KOHL VERLAG

	Montag	Dienstag	Mittwoch	Donnerstag	Freitag
a)	Schreibe im Aktiv! *Der Unfall wurde von der Polizei untersucht.*	Finde fünf Wortverwandte zu „hören“! 1. ______ 2. ______ 3. ______ 4. ______ 5. ______	Streiche die falsche Schreibweise! *Das Gelbe vom Ei.* *Das gelbe vom Ei.*	Setze die fehlenden Buchstaben ein! *V___le S___fa___rer na___ig___rten nach den Sternen.*	Setze das passende Modalverb ein! *Der Polizist ______ den Dieb festnehmen.*
b)	Bestimme die Zeitform! *Im Juli <u>werde</u> ich die Prüfungen <u>geschafft haben</u>.* ______	2. Person Singular Präteritum von „rächen“ ______	Notiere, was in den Hauptteil eines Tagebucheintrages gehört!	Imperativ von „lesen“: ______	Bestimme den Fall des unterstrichenen Substantivs! *Die Tasche gehört <u>dem Postboten</u>.* ______
c)	Die „Blaue Blume“ ist ein typisches Element der Epoche der … R______	Formulierung zur Verbindung von Argumenten: auf ______ ______	Markiere den Redebegleitsatz. *„Fang mit der Aufgabe an!“, forderte der Lehrer auf.*	Aktiv oder Passiv? *Die Tür wurde geschlossen.* ______	Bestimme das sprachliche Mittel! *Fischers Fritze* ______
d)	Setze alle Zeichen! *Die Musik klingt sehr schön sagte Eleonore*	Bericht: Was ist falsch? Streiche durch! *Auf der A4 gab es einen spektakulären Unfall.*	Bestimme den unterstrichenen Satz! *Der Zug, <u>der nach Berlin fährt</u>, hat heute Verspätung.* ______	Bestimme die Wortart! *leuchten* ______	Streiche die falschen Schreibweisen! *Reissverschluss* *Reißverschluss* *Reisverschluss*
☺ ☹	**Bewertung:** a) ___ b) ___ c) ___ d) ___	**Bewertung:** a) ___ b) ___ c) ___ d) ___	**Bewertung:** a) ___ b) ___ c) ___ d) ___	**Bewertung:** a) ___ b) ___ c) ___ d) ___	**Bewertung:** a) ___ b) ___ c) ___ d) ___

?	**Zu folgenden Aufgaben habe ich noch Fragen:**	**Schreibe in dein Heft, deinen Ordner oder auf ein Extrablatt!**

Deutsch-Basics-Trainer • Klasse 10 – Bestell-Nr. 13 053

	Montag	Dienstag	Mittwoch	Donnerstag	Freitag
a)	Gehört in den Schlussteil von Bewerbungen: A__________	Streiche die falsche Schreibweise durch! *Heute Morgen/ heute morgen war es draußen laut.*	Nenne die Formen der Erörterung! __________ __________ __________	3. Person Singular Perfekt von „jagen“ __________ __________	Setze alle Zeichen! *Ich muss sowohl Käse als auch Wurst einkaufen*
b)	Schreibe in indirekter Rede! *„Ich werde morgen zeitig aufstehen“, erklärt Tim.*	Formulierung, um Zustimmung in einer Erörterung auszudrücken d__________ s__________	Kreuze an! Die Meldung ist … . ○ *Kurzform der Nachricht* ○ *Langform der Nachricht*	Possessivpronomen von „sie“ (Einzahl) __________	Notiere die Satzart! *Wann sollen wir ins Kino gehen?* __________
c)	Schreibe im Futur I! *Die Gegend war ihr unheimlich.*	Streiche die falsche Schreibweise durch! *Ich hoffe sehr, das/dass du dich besserst.*	Finde den passenden Oberbegriff! *Stuhl, Sessel, Sofa, Hocker* __________	Konjunktiv II von „geben“! __________	Bestimme die Zeitform! *Das Haus ist abgebrannt.* __________
d)	Ein Motiv der Romantik: S__________	Finde fünf Wortverwandte zu „kennen“! 1.__________ 2.__________ 3.__________ 4.__________ 5.__________	Kreuze die richtige Schreibweise an! ○ *Kuß* ○ *Kuss*	Dichter des Barock: G__________	Antonym von „meckern“ / “kritisieren“ __________
☺ 😐 ☹	Bewertung: a) ____ b) ____ c) ____ d) ____	Bewertung: a) ____ b) ____ c) ____ d) ____	Bewertung: a) ____ b) ____ c) ____ d) ____	Bewertung: a) ____ b) ____ c) ____ d) ____	Bewertung: a) ____ b) ____ c) ____ d) ____
?	Zu folgenden Aufgaben habe ich noch Fragen:				Schreibe in dein Heft, deinen Ordner oder auf ein Extrablatt!

Deutsch-Basics-Trainer • Klasse 10 – Bestell-Nr. 13 053

KOHL VERLAG

	Montag	Dienstag	Mittwoch	Donnerstag	Freitag
a)	Setze alle Zeichen! *Wir sollten zum Bus gehen schlug Greta vor*	Kreuze die richtige Schreibweise an! ◯ *Pizza* ◯ *Pitza*	Anderes Wort für Kritik: R__________	Komparativ von „schön“! __________	Formulierung, um Gegenargumente aufzugreifen: auf__________ __________
b)	Imperativ von „geben“: __________	Korrigiere die falsche Verbform! *Als ich ankam, hat die Party schon begonnen.*	Sollte man bei einer Texterschließung machen: F________ und F__________ m__________	Finde fünf Wortverwandte zu „bitter“! 1.__________ 2.__________ 3.__________ 4.__________ 5.__________	Plural von „Saison“ __________
c)	Schreibe im Aktiv! *Der Zug war von Unbekannten demoliert worden.*	Setze alle Zeichen! *Ich kann weder Englisch noch Spanisch*	Unter einer Epipher versteht man … __________	Schreibe richtig ab! BEIMEINPARKENÜBERSAHSIEDASAUTO.	Finde drei Unterbegriffe zu „Eissorten“! 1.__________ 2.__________ 3.__________
d)	Streiche die falsche Schreibweise durch! *Es ist schon Viertelacht/ viertel acht.*	Bestimme den Fall des unterstrichenen Substantivs! *<u>Der Morgen</u> ist klüger als der Abend.* __________	Setze die fehlenden Buchstaben ein! *Bä_____er,* *Mü_____e,* *E_____el,* *Kri_____elei*	Schreibe im Plusquamperfekt! *Ich werde ins Freibad gehen.*	3. Person Plural Präsens von „kaufen“ __________
☺ 😐 ☹	**Bewertung:** a) _____ b) _____ c) _____ d) _____	**Bewertung:** a) _____ b) _____ c) _____ d) _____	**Bewertung:** a) _____ b) _____ c) _____ d) _____	**Bewertung:** a) _____ b) _____ c) _____ d) _____	**Bewertung:** a) _____ b) _____ c) _____ d) _____

? **Zu folgenden Aufgaben habe ich noch Fragen:**

Schreibe in dein Heft, deinen Ordner oder auf ein Extrablatt!

Deutsch-Basics-Trainer • Klasse 10 – Bestell-Nr. 13 053

KOHL VERLAG

	Montag	Dienstag	Mittwoch	Donnerstag	Freitag
a)	Unter einer Ellipse versteht man … ___________ ___________	3. Person Singular Plusquamperfekt von „machen“ ___________ ___________	Finde fünf Wortverwandte zu „gleichen“! 1.___________ 2.___________ 3.___________ 4.___________ 5.___________	Bestimme das sprachliche Bild! *Es ist nicht zehn vor zwölf, sondern sogar fünf vor zwölf.* ___________	Kreuze die richtige Schreibweise an! ◯ *fazinierend* ◯ *fazinierent* ◯ *faszinierend*
b)	Steigere „gut“! ___________ ___________	Bestimme das Satzglied! *Man soll den Morgen nicht vor dem Abend loben.* ___________	Offene oder geschlossene Frage? *Welchen Weg wirst du gehen?* ___________	Plural von Thema ___________	Bestimme die Wortart! *neugierig* ___________
c)	Konjunktiv II von „kommen“! ___________	Das Porträt ist … . Kreuze an! ◯ *meinungsäußernd* ◯ *informierend* ◯ *beides*	Bestimme das sprachliche Mittel! *Ich kaute das Brot. Ja, ich genoss das Brot.* ___________	Schreibe im Aktiv! *Der Baum ist von mir gefällt worden.*	Verberst-, Verbzweit- oder Verbletztsatz? *(Er sagte), dass er das Mädchen kennt.* ___________
d)	Setze alle Zeichen! *Am Samstag dem 23 März um 19 Uhr treffen wir uns*	Das Symbol „Herz“ steht für … ___________	Streiche die falsche Schreibweise durch! *Der Schüler hat freigesprochen/ frei gesprochen.*	Ein Thema des Expressionismus: Z___________	Schreibe im Präsens! *Ich war im Dorf gewesen.* ___________ ___________
☺ 😐 ☹	**Bewertung:** a) _____ b) _____ c) _____ d) _____	**Bewertung:** a) _____ b) _____ c) _____ d) _____	**Bewertung:** a) _____ b) _____ c) _____ d) _____	**Bewertung:** a) _____ b) _____ c) _____ d) _____	**Bewertung:** a) _____ b) _____ c) _____ d) _____

?	**Zu folgenden Aufgaben habe ich noch Fragen:**	**Schreibe in dein Heft, deinen Ordner oder auf ein Extrablatt!**

Deutsch-Basics-Trainer • Klasse 10 – Bestell-Nr. 13 053

	Montag	Dienstag	Mittwoch	Donnerstag	Freitag
a)	Fachbegriff für Mehrzahl: ________	Bestimme das sprachliche Mittel! *Bekommst du das nicht besser hin?* ________	Superlativ von „schnell" ________	Bestimme den Fall des unterstrichenen Substantivs! *Die Buchreihe gefällt den Lesern.* ________	In dieser Zeitform wird ein Tagebucheintrag geschrieben: ________ ________
b)	Berühmter Roman des Barocks: S________	Finde den passenden Oberbegriff! *Nominativ, Genitiv, Dativ, Akkusativ* ________	Kreuze die richtige Schreibweise an! ○ *wahrhaftig* ○ *warhaftig* ○ *Wahrhaftig*	Ergänze a/e bzw. äu/eu! *bl____lich,* *J____ger,* *j____denfalls,* *f____dal*	Schreibe im Präteritum! *Ich habe mich über den Besuch gefreut.*
c)	Streiche die falsche Schreibweise durch! *Ich möchte ihnen/Ihnen ihr/Ihr Buch geben.*	Bestimme das Reimschema! *...frei,* *... gedeih,* *...waren,* *...fahren* ________	Markiere die Präposition! *Das Pferd sprang über den Zaun.*	Setze das passende Modalverb ein! *„________ du bitte zum Fleischer gehen?"*	Bedeutende Textart in der Epoche der Aufklärung: F________
d)	Schreibe im Passiv! *Der Mann hat das Fahrzeug abgestellt.*	Textart von „Die Küchenuhr" (Borchert): ________	3. Person Plural Futur II von „kehren" ________ ________	Fachbegriff für Gleichnis: P________	Setze alle Zeichen! *Sie fragte Kannst du mir die Butter reichen*
Bewertung	**Bewertung:** a) ____ b) ____ c) ____ d) ____	**Bewertung:** a) ____ b) ____ c) ____ d) ____	**Bewertung:** a) ____ b) ____ c) ____ d) ____	**Bewertung:** a) ____ b) ____ c) ____ d) ____	**Bewertung:** a) ____ b) ____ c) ____ d) ____

? **Zu folgenden Aufgaben habe ich noch Fragen:**

Schreibe in dein Heft, deinen Ordner oder auf ein Extrablatt!

Deutsch-Basics-Trainer • Klasse 10 – Bestell-Nr. 13 053
KOHL VERLAG

	Montag	Dienstag	Mittwoch	Donnerstag	Freitag
a)	Unter geschlossenen Fragen versteht man …	Deutsche Literaturepoche, die eine Jugendbewegung darstellt: S__________ *und* D__________	Schreibe im Futur I! *Ich hatte den Salat eingekauft.*	Sollte man nach der Markierung von Fremd-/Fachwörtern bei der Texterschließung machen:	Notiere, was in den Schlussteil einer Fabel gehört! __________ __________
b)	Hat „Die Leiden des jungen Werthers" geschrieben: __________	Bestimme das sprachliche Mittel! *Die Welt ist groß, klein ist der Geist.* __________	Bestimme das sprachliche Mittel! *Er kam, sah und siegte.* __________	Streiche die falsche Schreibung durch! *Offensichtlich war/wahr das Gesagte war/wahr.*	Schreibe im Aktiv! *Der Ball wurde vom Kind geworfen.* __________ __________ __________
c)	Ergänze s, ss oder ß! *Ha*_____, *(er) la*_____, *Fa*_____, *(er) a*_____	Finde fünf Wortverwandte zu „blühen"! 1.__________ 2.__________ 3.__________ 4.__________ 5.__________	Setze alle Zeichen! *Bei manchen Sportarten zum Beispiel beim Downhill Biking gibt es ein hohes Risiko.*	Bestimme das Satzglied! *<u>An der Sportübung</u> scheiterte er kläglich.* __________	Berühmte Kriminalromanfigur: S__________ H__________
d)	Positiv von „fröhlich" __________	Bestimme die Wortart! *<u>Manchmal</u> vergesse ich die Hausaufgaben.* __________	Bestimme die Satzart! *Das solltest du nicht tun!* __________ __________	Schreibe richtig ab! DASWAREINFACHZUVIELDESGUTEN.	1. Person Singular Präteritum von „naschen" __________
☺ 😐 ☹	Bewertung: a) _____ b) _____ c) _____ d) _____	Bewertung: a) _____ b) _____ c) _____ d) _____	Bewertung: a) _____ b) _____ c) _____ d) _____	Bewertung: a) _____ b) _____ c) _____ d) _____	Bewertung: a) _____ b) _____ c) _____ d) _____
?	**Zu folgenden Aufgaben habe ich noch Fragen:**				**Schreibe in dein Heft, deinen Ordner oder auf ein Extrablatt!**

Deutsch-Basics-Trainer • Klasse 10 – Bestell-Nr. 13 053

KOHL VERLAG

	Montag	Dienstag	Mittwoch	Donnerstag	Freitag
a)	Zentrales Element von Goethes „Faust“: W__________	Kreuze die richtige Schreibweise an! ◯ *schizofren* ◯ *schitzophren* ◯ *schizophren*	Schreibe den Satz im Perfekt! *Wir gingen in den Wald.* __________ __________ __________	Streiche die falsche Schreibweise durch! *Ich habe eine sechs / Sechs gewürfelt.*	Bestimme das sprachliche Mittel! *Er ist sanft entschlafen.* __________
b)	2. Person Plural Präsens von „entdecken“ __________	Fachbegriff für die Befehlsform: __________	Fachbegriff für erzählende Textarten: __________	Konjunktiv II von „er weiß“ __________	Nenne die zwei Prinzipien der dialektischen Erörterung! 1.__________ 2.__________
c)	Bestimme die Wortart! *Warum denn nicht <u>gleich</u> so?* __________	Bestimme das Satzglied! *<u>Am Abend</u> waren viele Besucher da.* __________ __________	typische Charaktereigenschaft des Fuchses: __________	Ergänze alle Zeichen! *Welches Geschäft meinst du fragte Elmira*	Schreibe richtig ab! DASKOCHENVONGEMÜSEISTEINFACH.
d)	Bestimme das Reimschema! *…heiß,* *…nah,* *…weiß,* *…sah* __________	Superlativ von „fruchtbar“ __________	Dichter des „Erlkönigs“: G__________	Finde drei Wörter zum Wortfeld „reden“! 1. __________ 2. __________ 3. __________	Schreibe im Passiv! *Er wird das Auto reparieren.* __________ __________ __________
☺ 😐 ☹	**Bewertung:** a) ____ b) ____ c) ____ d) ____	**Bewertung:** a) ____ b) ____ c) ____ d) ____	**Bewertung:** a) ____ b) ____ c) ____ d) ____	**Bewertung:** a) ____ b) ____ c) ____ d) ____	**Bewertung:** a) ____ b) ____ c) ____ d) ____

? **Zu folgenden Aufgaben habe ich noch Fragen:**

Schreibe in dein Heft, deinen Ordner oder auf ein Extrablatt!

Deutsch-Basics-Trainer • Klasse 10 – Bestell-Nr. 13 053
KOHL VERLAG

	Montag	Dienstag	Mittwoch	Donnerstag	Freitag
a)	Unter einer Anapher versteht man … ____________	Verbinde die Sätze mit „damit"! *Er geht früh aus dem Haus. Er kann zeitig Feierabend machen.*	Partzip I von „holen" ____________	Muss man in offiziellen Briefen verwenden: H__________	Fachbegriff für den 1. Fall ____________
b)	Zeitform von Märchen: ____________	Bestimme die Zeitform! *Sie war gelegentlich bei uns zu Besuch.* ____________	3. Person Singular Perfekt von „rascheln" ____________ ____________	Sagen enthalten einen: w__________ K__________	Possessivpronomen von „wir" ____________
c)	Bestimme die Wortart! *Der Ballon flog <u>über</u> das Dach.* ____________	Streiche die falsche Schreibweise durch! *Wir gehen immer sonntags/ Sonntags in die Kirche.*	Bestimme das Satzglied! *Sie konnte den Ast <u>fast</u> erreichen.* ____________	Schreibe im Aktiv! *Das Buch wurde von der Lehrerin aufgeschlagen.*	Setze alle Zeichen! Ein Buch nämlich den letzten Teil habe ich noch nicht gelesen
d)	Die Epoche des *Sturm und Drang* beschränkt sich auf die Literatur welchen Landes? ____________	Kreuze die richtige Schreibweise an! ○ *verückt* ○ *verrückt* ○ *verrükt*	Finde fünf Wortverwandte zu „kosten"! 1.__________ 2.__________ 3.__________ 4.__________ 5.__________	Plural von „Individuum" ____________	Ergänze eu oder äu! *gebr_____chlich*
☺ 😐 ☹	**Bewertung:** a) _____ b) _____ c) _____ d) _____	**Bewertung:** a) _____ b) _____ c) _____ d) _____	**Bewertung:** a) _____ b) _____ c) _____ d) _____	**Bewertung:** a) _____ b) _____ c) _____ d) _____	**Bewertung:** a) _____ b) _____ c) _____ d) _____
?	**Zu folgenden Aufgaben habe ich noch Fragen:**				**Schreibe in dein Heft, deinen Ordner oder auf ein Extrablatt!**

Deutsch-Basics-Trainer • Klasse 10 – Bestell-Nr. 13 053

KOHL VERLAG

	Montag	Dienstag	Mittwoch	Donnerstag	Freitag
a)	Setze alle Zeichen! *Trotz des verspäteten Starts erreichten wir unseren Zug*	Bestimme den Fall des unterstrichenen Substantivs! *Ich habe <u>den Film</u> gesehen.* ______________	Bestimme die Zeitform! *Nachdem ich <u>gegessenen hatte</u>, legte ich mich hin.* ______________	Figur des Teufels in „Faust“: M______________	Bestimme das Attribut! *Das Boot, das sehr klein war, versank.* ______________
b)	Zählt zu den Anlagen einer Bewerbung: L______________	Finde drei Synonyme zu „Tür“! 1.______________ 2.______________ 3.______________	Streiche die falsche Schreibweise durch! *Du hast etwas ähnliches / Ähnliches in deinem Schrank.*	Bestimme die Satzart! *Geh weg!* ______________ ______________	Verberst-, Verbzweit- oder Verbletztsatz? *Kannst du mir die Schüssel geben?* ______________
c)	Autor von „Der Vorleser“: B______________ S______________	Kreuze die richtige Schreibweise an! ◯ *Picknick* ◯ *Piknik* ◯ *Picknick*	Treten oft in Sagen auf: G______________ H______________	Bestimme die Art der Frage! *Welchen Weg sollen wir gehen?* ______________	Bestimme das sprachliche Mittel! *Bei Wind und Wetter sind wir draußen.* ______________
d)	Setze s, ss, ß ein! *Schu____,* *Flu____,* *Gru____,* *Mu____*	Markiere das Partizip II. *Ich bin zu Oma gelaufen.*	Schreibe in direkter Rede! *Er sagte, sie sei sehr hübsch.* ______________ ______________	2. Person Singular Präteritum von „spielen“ ______________	Kreuze an: Jahrhundert des *Sturm und Drang*! ◯ *16. Jh.* ◯ *17. Jh.* ◯ *18. Jh.*
☺ ☹	**Bewertung:** a) _____ b) _____ c) _____ d) _____	**Bewertung:** a) _____ b) _____ c) _____ d) _____	**Bewertung:** a) _____ b) _____ c) _____ d) _____	**Bewertung:** a) _____ b) _____ c) _____ d) _____	**Bewertung:** a) _____ b) _____ c) _____ d) _____

?	**Zu folgenden Aufgaben habe ich noch Fragen:**	**Schreibe in dein Heft, deinen Ordner oder auf ein Extrablatt!**

Deutsch-Basics-Trainer • Klasse 10 – Bestell-Nr. 13 053

KOHL VERLAG

	Montag	Dienstag	Mittwoch	Donnerstag	Freitag
a)	Was gehört in die Einleitung einer Inhaltsangabe? ____________	Kreuze die richtige Schreibweise an! ○ *Entgelt* ○ *Entgeld* ○ *Endgeld*	Bestimme das sprachliche Mittel! *bei Nacht und Nebel* ____________	Streiche die falsche Schreibweise durch! *Ich kenne ihn schon seit/seid Jahren.*	Fachbegriff, für jemanden, der eine Tat begeht ____________
b)	Beliebte Gedichtform des Barock: S____________	Notiere drei Synonyme des Wortes „zudem“! 1.____________ 2.____________ 3.____________	Setze alle Zeichen! *Ich komme dich am Montag dem 30 Mai um 20 Uhr abholen*	Bestimme den Fall des unterstrichenen Substantivs! *Man sieht nur mit dem <u>Herzen</u> gut.* ____________	Kreuze an: Jahrhundert der Epoche des Barock! ○ *18. Jh.* ○ *17. Jh.* ○ *16. Jh.*
c)	Konjunktiv II von „riechen“ ____________	Schreibe den Satz richtig ab! IHMISTANGSTUNDBANGE.	1. Person Plural Präteritum von „lachen“ ____________	Dichter von *Romeo und Julia*: S____________	Bestimme die Zeitform! *Du bist so gemein!* ____________
d)	Andere Bezeichnung für 4-Seiten-Modell der Kommunikation:	Geburtsort von Lessing: K____________	Markiere die Modalbestimmung! *Sie ging freudig über die Wiese.*	Markiere das Modalverb! *Du musst das Buch unbedingt lesen!*	Setze alle Zeichen! *Hast du fragte sie an den Korb gedacht*
☺ 😐 ☹	**Bewertung:** a) ____ b) ____ c) ____ d) ____	**Bewertung:** a) ____ b) ____ c) ____ d) ____	**Bewertung:** a) ____ b) ____ c) ____ d) ____	**Bewertung:** a) ____ b) ____ c) ____ d) ____	**Bewertung:** a) ____ b) ____ c) ____ d) ____

? **Zu folgenden Aufgaben habe ich noch Fragen:**

Schreibe in dein Heft, deinen Ordner oder auf ein Extrablatt!

Deutsch-Basics-Trainer • Klasse 10 – Bestell-Nr. 13 053

KOHL VERLAG

	Montag	Dienstag	Mittwoch	Donnerstag	Freitag
a)	Darauf sollte man in der Einleitung einer Bewerbung eingehen:	Verbinde die Sätze mit „weil"! *Der Koch kündigt. Es ist ihm zu stressig.*	Plural von „Balkon" ____________	Handlungsort in *Nathan der Weise*: ____________	Imperativ von „helfen": ____________
b)	1. Person Plural Perfekt von „tauchen" ____________ ____________	Bestimme die Wortart! *Viele Gäste sind <u>zur</u> Vermählung gekommen.* ____________	Setze alle Zeichen! *Hast du den Regenschirm eingepackt fragte die Mutter*	Kreuze die richtige Schreibweise an! ◯ *Fasade* ◯ *Fasahde* ◯ *Fassade*	Die beiden Seiten einer Erörterung: 1.____________ 2.____________
c)	Textart von Goethes „Faust" : ____________	Schreibe im Aktiv! *Der Stock wird vom Hund geholt werden.*	Das findet der Ermittler, um den Fall zu lösen: ____________	Männliche Form von Hebamme: E____________ ____________	Bestimme die Zeitform! *Er hat ihr die Geige gegeben.* ____________
d)	Bestimme den Fall des unterstrichenen Substantivs! *Ich gehe in den <u>Wald</u> spazieren.* ____________	Kreuze an: Jahrhundert der Trümmerliteratur! ◯ *19. Jh.* ◯ *18. Jh.* ◯ *20. Jh.*	Kreuze an: „Die Regelung des Verkaufs erfolgt in §433 BGB." ◯ *Standardsprache* ◯ *Fachsprache* ◯ *Jugendsprache*	Markiere alle Präpositionen! GEHENGEGENKLARMITPOSTÜBERLACHENDOBERMAUSFÜR	Finde drei Synonyme zu „Versuchung"! 1.____________ 2.____________ 3.____________
☺ ☹	**Bewertung:** a) ____ b) ____ c) ____ d) ____	**Bewertung:** a) ____ b) ____ c) ____ d) ____	**Bewertung:** a) ____ b) ____ c) ____ d) ____	**Bewertung:** a) ____ b) ____ c) ____ d) ____	**Bewertung:** a) ____ b) ____ c) ____ d) ____

?	**Zu folgenden Aufgaben habe ich noch Fragen:**	**Schreibe in dein Heft, deinen Ordner oder auf ein Extrablatt!**

Deutsch-Basics-Trainer • Klasse 10 – Bestell-Nr. 13 053
KOHL VERLAG

	Montag	Dienstag	Mittwoch	Donnerstag	Freitag
a)	Satiren kritisieren oft … ______ ______ ______ ______	Kriterien einer Stellenausschreibung: 1.______ 2.______	Die dreifache Einleitung bei „Faust" besteht aus … 1.______ 2.______ 3.______	Bestimme das sprachliche Mittel! *Da gab es nichts als Trauer – tiefe, schmerzvolle Trauer.* ______	3. Person Plural Plusquamperfekt von „sich umarmen" ______ ______
b)	Konjunktiv I von „werden" ______	Streiche die falsche Schreibweise durch! *Ich habe Ihren Roman mit grossem Interesse/großem Interesse gelesen.*	Setze alle Zeichen! *Er band sich die Schuhe damit er nicht fiel*	Bestimme das Satzglied! *Einige Menschen halten <u>diese Tatsache</u> für falsch.* ______	Unter offenen Fragen versteht man …
c)	Modalverb für Forderungen: ______	Ergänze s, ss, ß! *Spa____,* *au____erdem,* *Abschlu____,* *de____halb*	Kreuze die richtige Schreibweise an! ◯ *reperieren* ◯ *reparieren* ◯ *reperiren*	Ja oder nein? Hat ein Krimi eine Überschrift? ______	Ein bevorzugtes Thema der Weimarer Klassik: H______
d)	Verknüpfe die Sätze mit „obwohl"! *Er hat das Gedicht geschrieben. Es wurde erst nach seinem Tod veröffentlicht.*	Schreibe im Passiv! *Der Mähdrescher hat das Getreide gedroschen.*	Schreibe richtig ab! NACHLANGEMHINUNDHERGABESEINELÖSUNG.	Ich-Erzähler in einem Gedicht: ______	Bestimme die Wortart! *Herr Maier wohnt auf der <u>gegenüberliegenden</u> Straßenseite.* ______
☺ ☹	**Bewertung:** a) ____ b) ____ c) ____ d) ____	**Bewertung:** a) ____ b) ____ c) ____ d) ____	**Bewertung:** a) ____ b) ____ c) ____ d) ____	**Bewertung:** a) ____ b) ____ c) ____ d) ____	**Bewertung:** a) ____ b) ____ c) ____ d) ____

? **Zu folgenden Aufgaben habe ich noch Fragen:**

Schreibe in dein Heft, deinen Ordner oder auf ein Extrablatt!

Deutsch-Basics-Trainer • Klasse 10 – Bestell-Nr. 13 053

KOHL VERLAG

	Montag	Dienstag	Mittwoch	Donnerstag	Freitag
a)	Berühmtes Werk von Kafka: *Die* V____________	Notiere das abgebildete Prinzip der Erörterung! ____________	2. Person Singular Präteritum von „erzählen“ ____________	Gehört in den Schlussteil eines Briefes oder einer E-Mail: ____________ ____________ ____________	Finde den passenden Oberbegriff! *Plakat, Wandzeitung, Power-Point-Präsentation, Flyer* ____________
b)	Ergänze die Doppellaute! *W_____ge,* *B_____t,* *S_____fe,* *M_____s*	Bestimme das Satzglied! *Sie gehen mir <u>zunehmend</u> auf die Nerven.* ____________	Erzählperspektive, die alles weiß und auch Rückblenden vornehmen kann: ____________ ____________	Antonym von „hoch“ ____________	Getrennt oder zusammen? Kreuze an! ◯ *Beim <u>Autofahren</u> wird mir schlecht.* ◯ *Beim <u>Auto fahren</u> wird mir schlecht.*
c)	Bestimme das sprachliche Mittel! *durch dick und dünn* ____________	Notiere die Satzart! *Schlag deinen Hefter auf!* ____________ ____________	Gehört in die Einleitung eines Dialoges: ____________ ____________ ____________	Diente als Vorlage für „Nathan und seine Kinder“: ____________ ____________	Appellebene bei „Es *(die Ampel)* ist grün.“ ____________
d)	Ja oder nein? Hat ein innerer Monolog eine Überschrift? ____________	Schreibe in indirekter Rede! *„Das glaube ich nicht“, sagte sein Freund.*	Finde fünf Wortverwandte zu „malen“! 1.____________ 2.____________ 3.____________ 4.____________ 5.____________	Streiche die falsche Schreibweise durch! *Aufgrund/ Auf Grund der geringen Anmeldungen fällt das Seminar aus.*	Markiere das Prädikat! *Ich war beim Turnier dabei.*
☺ 😐 ☹	**Bewertung:** a) _____ b) _____ c) _____ d) _____	**Bewertung:** a) _____ b) _____ c) _____ d) _____	**Bewertung:** a) _____ b) _____ c) _____ d) _____	**Bewertung:** a) _____ b) _____ c) _____ d) _____	**Bewertung:** a) _____ b) _____ c) _____ d) _____

? **Zu folgenden Aufgaben habe ich noch Fragen:**

Schreibe in dein Heft, deinen Ordner oder auf ein Extrablatt!

Deutsch-Basics-Trainer • Klasse 10 – Bestell-Nr. 13 053

KOHL VERLAG

	Montag	Dienstag	Mittwoch	Donnerstag	Freitag
a)	Fachbegriff für Geschlecht eines Substantivs: __________	Finde drei Wörter zum Wortfeld „nennen"! 1.__________ 2.__________ 3.__________	Gehört in den Schlussteil eines Dialogs: __________ __________	Nenne die 4 Ebenen des 4-Seiten-Modells! 1.__________ 2.__________ 3.__________ 4.__________	Im Hauptteil der Bewerbung sollte ich erwähnen …
b)	Schreibe richtig ab! DUBISTABSOLUTESPITZE!	Ergänze ein h, wo nötig! *fa____ren,* *fü____ren,* *ge____ben,* *he____ben*	Bestimme die Wortart! *Ach, hat es dir die Sprache verschlagen?* __________	Bestimme die Zeitform! *Du bist der beste Sportler.* __________	2. Person Plural Perfekt von „laufen" __________ __________
c)	Setze alle Zeichen! *Reinige den Hamsterkäfig forderte die Mutter*	Streiche die falsche Schreibweise durch! *Er ist gekommen, um sich vorzustellen/vor zu stellen.*	Bestimme das sprachliche Mittel! *Er war berühmt und berüchtigt für seine Reden.* __________	Antonym zu „oben" __________	Ja oder nein? Hat ein Dialog eine Überschrift? __________
d)	Unter einem Leserbrief versteht man … __________ __________	Ein bevorzugtes Thema des *Sturm und Drang*: S__________	Schreibe in direkter Rede! *Sie meinte, dass das keine gute Idee sei.*	Streiche die falsche Schreibweise durch! *Ihr seit/seid wahre Freunde für mich.*	Zeitformen des inneren Monologes: 1.__________ 2.__________
☺ ☹	**Bewertung:** a) ____ b) ____ c) ____ d) ____	**Bewertung:** a) ____ b) ____ c) ____ d) ____	**Bewertung:** a) ____ b) ____ c) ____ d) ____	**Bewertung:** a) ____ b) ____ c) ____ d) ____	**Bewertung:** a) ____ b) ____ c) ____ d) ____

?	**Zu folgenden Aufgaben habe ich noch Fragen:**	**Schreibe in dein Heft, deinen Ordner oder auf ein Extrablatt!**

Deutsch-Basics-Trainer • Klasse 10 – Bestell-Nr. 13 053

KOHL VERLAG

	Montag	Dienstag	Mittwoch	Donnerstag	Freitag
a)	Kreuze die richtige Schreibweise an! ◯ *seid 5 Jahren* ◯ *seit 5 Jahren*	Schreibe richtig ab! DUKANNSTJEDERZEITDASAUTONEHMEN.	Ergänze ein h, wo nötig. *Es wa___r ihr, als ob die Geschichte wa___r wä___re.*	Kreuze die persönliche Kompetenz an! ◯ *Selbstvertrauen* ◯ *Kommunikationsfähigkeit* ◯ *Präsentationstechniken*	Fachbegriff für jemanden, der versucht, eine Tat aufzuklären: __________
b)	Bestimme den Modus des unterstrichenen Verbs! *Er ist ins Haus gegangen.* __________	Schreibe im Aktiv! *Der Container wurde mit dem Zug transportiert.*	Wofür steht die TATT-Formel? 1.__________ 2.__________ 3.__________ 4.__________	Appellebene von „Da ist etwas Grünes auf der Hose." __________	3. Person Singular Futur I von „lügen" __________ __________
c)	Bestimme die Wortart! *bedeutungslos* __________	Finde drei Synonyme zu „Geld"! 1.__________ 2.__________ 3.__________	Komparativ von „fürchterlich" __________	Zeitform in der Fabel: __________	Streiche die falsche Schreibweise durch! *Beim arbeiten/ Arbeiten mit dem Bohrer muss man aufpassen.*
d)	Ja oder nein? Eine Sage hat eine Überschrift. __________	Bestimme das sprachliche Mittel! *Aus dem Haus gehe ich.* __________	Schreibe in indirekter Rede! *„Ich fahre jetzt!", schrie sie.* __________ __________ __________	Gehört in den Protokollkopf: __________ __________ __________	Possessivpronomen von „ihr" __________
☺ 😐 ☹	**Bewertung:** a) _____ b) _____ c) _____ d) _____	**Bewertung:** a) _____ b) _____ c) _____ d) _____	**Bewertung:** a) _____ b) _____ c) _____ d) _____	**Bewertung:** a) _____ b) _____ c) _____ d) _____	**Bewertung:** a) _____ b) _____ c) _____ d) _____

? **Zu folgenden Aufgaben habe ich noch Fragen:**

Schreibe in dein Heft, deinen Ordner oder auf ein Extrablatt!

Deutsch-Basics-Trainer • Klasse 10 – Bestell-Nr. 13 053

	Montag	Dienstag	Mittwoch	Donnerstag	Freitag
a)	Bestimme das sprachliche Mittel! *Kind lässt etwas fallen – „Das hast du ja prima gemacht!“* ______	Bestimme das sprachliche Mittel! *Ich denke an dich. Ich schreibe dir.* ______	Ergänze ä/e bzw. äu/eu! *Gespr____ch,* *fr____en,* *____hrenwort,* *s____bern*	Gehört in den Hauptteil eines inneren Monologes: ______	Schreibe im Plusquamperfekt! *Ich werde zum Fleischer gehen.*
b)	Diese epische Kleinform wurde häufig nach dem Zweiten Weltkrieg verwendet: ______	Setze alle Zeichen! *Du bist sagte er deines Glückes Schmied*	Plural von „Cappuccino“ 1.______ 2.______	Streiche die falsche Schreibweise durch! *Es ist ihm klar, das/dass er ein Verbrechen begeht.*	Unter einer rhetorischen Frage versteht man … ______ ______ ______
c)	Bestimme den Fall des unterstrichenen Substantivs! *Die Kartoffeln <u>des Bauern</u> waren groß.* ______	Sache, mit der eine Tat ausgeführt wird: ______	Fachbegriff für den 2. Fall: ______	Markiere die Konjunktion! *Er will sie unterstützen, indem er ihr Geld borgt.*	Kreuze an! Eine Reportage ist… ◯ *sachlich* ◯ *meinungsäußernd* ◯ *beides*
d)	1. Person Singular Präsens von „bauen“ ______	Schreibe in direkter Rede! *Er sagt, dass sie hübsch sei.* ______ ______ ______	Finde fünf Wortverwandte zu „leiden“! 1.______ 2.______ 3.______ 4.______ 5.______	Erster Entgrenzungsversuch bei Faust: ______ ______	Fremdwort oder Lehnwort? *Fenster* ______
☺ ☹	Bewertung: a) ____ b) ____ c) ____ d) ____	Bewertung: a) ____ b) ____ c) ____ d) ____	Bewertung: a) ____ b) ____ c) ____ d) ____	Bewertung: a) ____ b) ____ c) ____ d) ____	Bewertung: a) ____ b) ____ c) ____ d) ____

? **Zu folgenden Aufgaben habe ich noch Fragen:**

Schreibe in dein Heft, deinen Ordner oder auf ein Extrablatt!

Deutsch-Basics-Trainer • Klasse 10 – Bestell-Nr. 13 053

KOHL VERLAG

	Montag	Dienstag	Mittwoch	Donnerstag	Freitag
a)	Korrigiere! *Meiner Schwester ihr Geburtstag ist im Mai.*	Finde den passenden Oberbegriff! *Sonne, Mond, Sterne* __________	Grußformel in informellen Briefen: __________ __________	Antonym zu „schnell“ __________	Bei einer Erörterung im Sanduhrprinzip startet man mit … __________ __________ __________
b)	Bestimme das Satzglied! *Die Suppe war <u>ziemlich heiß</u>.* __________	Bestimme das Attribut! *Der <u>baufällige</u> Schuppen wurde abgerissen.* __________	Bestimme den Fall des unterstrichenen Substantivs! *Ich habe das Bild des berühmten <u>Malers</u> gesehen.* __________	2. Person Plural Präteritum von „stehen“ __________	Kreuze die richtige Schreibweise an! ◯ *Verdruß* ◯ *ferdruss* ◯ *Verdruss*
c)	Nenne das Reimschema! *a* *a* *b* *b* __________	Finde drei Wörter zum Wortfeld „sagen“! 1.__________ 2.__________ 3.__________	Eine Antithese ist … __________ __________ __________ __________	Der Bericht ist … Kreuze an! ◯ *die Kurzform der Nachricht.* ◯ *die Langform der Nachricht.*	Setze alle Zeichen! *Der Mann der am Telefon sprach war ein Arzt*
d)	Perspektive beim inneren Monolog: __________	Ob ein Wort mit ss oder ß geschrieben wird, hängt davon ab, ob … __________ __________ __________	Literaturepoche, deren Merkmale Menschlichkeit, Schönheit und Harmonie sind: K__________	Verbinde die beiden Sätze mit „damit“! *Ich bleibe am Herd. Der Milchreis brennt nicht an.*	Schreibe in indirekter Rede! *Der Lehrer sagte: „Heute schreiben wir ein Gedicht.“*
☺ 😐 ☹	**Bewertung:** a) _____ b) _____ c) _____ d) _____	**Bewertung:** a) _____ b) _____ c) _____ d) _____	**Bewertung:** a) _____ b) _____ c) _____ d) _____	**Bewertung:** a) _____ b) _____ c) _____ d) _____	**Bewertung:** a) _____ b) _____ c) _____ d) _____
?	**Zu folgenden Aufgaben habe ich noch Fragen:**				**Schreibe in dein Heft, deinen Ordner oder auf ein Extrablatt!**

Deutsch-Basics-Trainer • Klasse 10 – Bestell-Nr. 13 053

KOHL VERLAG

	Montag	Dienstag	Mittwoch	Donnerstag	Freitag
a)	Plural von „Baby“ ________	2. Person Singular Futur I von „machen“ ________ ________	Gehört in den Schlussteil von Bewerbungen: E________ ________ ________	Bestimme das Satzglied! *Ich gehe hinaus <u>zum Angeln</u>.* ________ ________	Ein Thema der Weimarer Klassik: S________ *und* L________
b)	Welche Frageformen sollten beim Interview genutzt werden? Kreuze an! ◯ *offene* ◯ *geschlossene* ◯ *beide*	Eine Parataxe ist eine … ________	Bestimme den Modus des Verbs! *Gib mir den Kochtopf!* ________	Modalverb für Zwänge ________	Eine Reportage ist … ________ ________ ________ ________
c)	Handlungsort von „Romeo und Julia“: ________	Schreibe im Passiv! *Der Dieb stahl das Fahrrad.* ________ ________	Superlativ von „gefährlich“ ________ ________	Setze alle Zeichen! *Ich denke dass du besser einen anderen Weg nehmen solltest*	Verb zu „Offerte“ ________
d)	Ergänze mit h, wo nötig! *Ich ma____le ein Bild wie der Müller das Me____l ma____lt.*	Konjunktiv II von „sein“! ________	Kreuze die richtige Schreibweise an! ◯ *paralell* ◯ *parralel* ◯ *parallel*	Fachwort für Einleitung in einem Theaterstück: ________	Bestimme die Wortart! *Bei der Firma gibt es nur ein <u>mäßiges</u> Einkommen.* ________
☺ 😐 ☹	**Bewertung:** a) ____ b) ____ c) ____ d) ____	**Bewertung:** a) ____ b) ____ c) ____ d) ____	**Bewertung:** a) ____ b) ____ c) ____ d) ____	**Bewertung:** a) ____ b) ____ c) ____ d) ____	**Bewertung:** a) ____ b) ____ c) ____ d) ____

? **Zu folgenden Aufgaben habe ich noch Fragen:**

Schreibe in dein Heft, deinen Ordner oder auf ein Extrablatt!

Deutsch-Basics-Trainer • Klasse 10 – Bestell-Nr. 13 053

	Montag	Dienstag	Mittwoch	Donnerstag	Freitag
a)	Schreibe richtig ab! DERSTEINISTINSROLLENGEKOMMEN.	Kreuze die richtige Schreibweise an! ◯ *Lieter* ◯ *Liter* ◯ *Lihter*	Setze ss,s oder ß richtig ein! *Die Di____ku____ion wurde inten____iv geführt.*	Was gehört in den Hauptteil einer Inhaltsangabe?	Finde den passenden Oberbegriff! *Hut, Mütze, Kopftuch, Stirnband* ____________
b)	Bestimme die Zeitform! *Der Baum <u>ist</u> groß <u>gewachsen</u>.* ____________	Finde drei Synonyme zu „Geschenk"! 1.__________ 2.__________ 3.__________	Setze alle Zeichen! *Er fragte Geht es dir auch gut*	Streiche die falsche Schreibweise durch! *Da sieht man/ Mann, dass das nichts bringt.*	Bestimme das sprachliche Mittel! *Freund und Feind* ____________
c)	Plural von „Controlling" ____________	Bei Faktenargumenten handelt es sich um … ____________ ____________	Bestimme das Reimschema! *…sehr,* *…lang,* *…Bär,* *…Gang* ____________	Finde fünf Wortverwandte zu „dienen"! 1.__________ 2.__________ 3.__________ 4.__________ 5.__________	Fremd- oder Lehnwort? *Dialyse* ____________
d)	Die zwei Tragödien in „Faust I": 1.__________ ____________ 2.__________ ____________	Verbinde die Sätze mit „damit"! *Er schließt die Tür. Niemand kann ins Haus.*	Schreibe im Aktiv! *Das Paket war vom Empfänger abgeholt worden.*	Plural von Joghurt ____________	Gehört in den Schlussteil eines Protokolls: U__________
☺ 😐 ☹	**Bewertung:** a) ____ b) ____ c) ____ d) ____	**Bewertung:** a) ____ b) ____ c) ____ d) ____	**Bewertung:** a) ____ b) ____ c) ____ d) ____	**Bewertung:** a) ____ b) ____ c) ____ d) ____	**Bewertung:** a) ____ b) ____ c) ____ d) ____
?	**Zu folgenden Aufgaben habe ich noch Fragen:**				**Schreibe in dein Heft, deinen Ordner oder auf ein Extrablatt!**

Deutsch-Basics-Trainer • Klasse 10 – Bestell-Nr. 13 053

	Montag	Dienstag	Mittwoch	Donnerstag	Freitag
a)	Appellebene von „Da steht etwas an der Tafel.“ ____________ ____________	Umkreise die richtige Schreibweise! währendessen währenddessen während dessen	Bestimme die Wortart! *Er hatte den heutigen Termin völlig vergessen.* ____________	Autoritätsargumente berufen sich auf … ____________	Name einer Hauptfigur im „Vorleser“: H____________ S____________
b)	Streiche die falsche Schreibweise durch! *Ihr warten/ Warten hat sich gelohnt.*	Schreibe richtig ab! DIEMANNSCHAFTWOLLTEAUFBIEGENUNDBRECHENGEWINNEN.	Setze alle Zeichen! *Das Stadtfest beginnt am Montag dem 17 April um 16 Uhr*	Bildhafte und eindrucksvolle Beschreibung von Verhältnissen und Entwicklungen: R____________	Bestimme das Reimschema! *…klar,* *…wahr,* *…geteilt,* *…kalt,* *…Wald,* *…geheilt.* ____________
c)	Ergänze e/ä und eu/äu! *g____ren,* *s____hen,* *Best____bung,* *vert____felt*	Zeit, zu der ein Verbrechen geschieht: ____________	Gehört in eine Personencharakterisierung: ä____________ L____________	Schreibe im Futur II! *Er hat Wasser geholt.*	1. Person Singular Perfekt von „springen“ ____________ ____________
d)	Antonym von „langsam“ ____________	Finde fünf Wortverwandte zu „passen“! 1.____________ 2.____________ 3.____________ 4.____________ 5.____________	Bestimme das sprachliche Mittel! *Das ist aber preisgünstig!* ____________	Finde den passenden Oberbegriff! *Tomate, Gurke, Eisbergsalat, Möhre* ____________	Bestimme das Satzglied! *Der Park, der erst neu angelegt wurde, ist schön.* ____________
☺ ☹	**Bewertung:** a) ____ b) ____ c) ____ d) ____	**Bewertung:** a) ____ b) ____ c) ____ d) ____	**Bewertung:** a) ____ b) ____ c) ____ d) ____	**Bewertung:** a) ____ b) ____ c) ____ d) ____	**Bewertung:** a) ____ b) ____ c) ____ d) ____

? **Zu folgenden Aufgaben habe ich noch Fragen:**

Schreibe in dein Heft, deinen Ordner oder auf ein Extrablatt!

Deutsch-Basics-Trainer • Klasse 10 – Bestell-Nr. 13 053

KOHL VERLAG

	Montag	Dienstag	Mittwoch	Donnerstag	Freitag
a)	Ein Sonett ist aufgebaut aus … __________ __________ __________ __________	Ergänze die passenden Doppellaute! *Pf____fe,* *M____r,* *Gl____d,* *____l*	Streiche die falsche Schreibweise durch! *Ich mache jeden morgen/Morgen Frühsport.*	Bestimme den Modus! *Es <u>wäre</u> schön, wenn du pünktlich bist.* __________	Sollte man vor einer Erörterung machen: S__________ e__________
b)	Bestimme die Zeitform! *Er ist ins Haus gegangen.* __________	1. Person Plural Präsens von „schießen" __________	Wandle in eine offene Frage um! *Hast du Geschwister?*	Goethe reiste oft nach: I__________	Ergänze s, ss, ß! *Kla____e,* *Ma____,* *Oa____e*
c)	Ja oder nein? Der Krimi gehört zu den epischen Kleinformen. __________	Bestimme die Wortart! *Das Haus, <u>das</u> am Wegrand steht, wurde neu gebaut.* __________	Setze alle Zeichen! *Er rief Kannst du nicht besser aufpassen*	Kreuze die richtige Schreibweise an! ◯ *wiederum* ◯ *widerum* ◯ *widerrum*	Schreibe richtig ab! DASINKRAFTTRETENDESGESETZESERFOLGTIMMÄRZ.
d)	Kreuze an! Die Rezension ist … ◯ *meinungsäußernd* ◯ *sachlich* ◯ *beides*	Antonym von „bringen"! __________	Schreibe im Passiv! *Oma hebt das Geld ab.*	Bestimme das sprachliche Mittel! *Ich gehe, ich eile, ich fliege zu dir.* __________	Bestimme das Satzglied! *<u>Gestern</u> grillten wir im Garten.* __________
☺ ☹	Bewertung: a) ____ b) ____ c) ____ d) ____	Bewertung: a) ____ b) ____ c) ____ d) ____	Bewertung: a) ____ b) ____ c) ____ d) ____	Bewertung: a) ____ b) ____ c) ____ d) ____	Bewertung: a) ____ b) ____ c) ____ d) ____

? Zu folgenden Aufgaben habe ich noch Fragen:

Schreibe in dein Heft, deinen Ordner oder auf ein Extrablatt!

Deutsch-Basics-Trainer • Klasse 10 – Bestell-Nr. 13 053

KOHL VERLAG

	Montag	Dienstag	Mittwoch	Donnerstag	Freitag
a)	Streiche die falsche Schreibweise durch! *Vielen Dank für ihr/Ihr Angebot, das/dass ich gern annehme.*	Normative Argumente bringen was zum Ausdruck? ____________ ____________	Markiere den Nebensatz! *Er hat das Auto verkauft, damit er ihr den Ring kaufen kann.*	Ja oder nein? Bei einer Personencharakterisierung verwendet man „alte Sprache". ____________	Schlussformel von Märchen: ____________ ____________ ____________ ____________
b)	Schreibe in indirekter Rede! *Er meinte: „Das ist ein zu niedriges Gehalt."* ____________ ____________	In „Faust I" sieht Gott die Menschen als Wesen an, die sich … ____________ ____________ ____________	Schreibe richtig ab! DAHALFNURNOCHLAUTESSCHREIEN.	Verberst-, Verbzweit- oder Verbletztsatz? *Kannst du das verstehen?* ____________	Aktiv oder Passiv? *Das Kind ist vom Hund ins Bein gebissen worden.* ____________
c)	Finde drei Synonyme zu „arbeiten"! 1.____________ 2.____________ 3.____________	Setze alle Zeichen! *Obwohl es unmöglich erscheint versuche ich es*	Bestimme den Fall des unterstrichenen Substantivs! *Ich gebe <u>dem Hausmeister</u> den Schlüssel.* ____________	Kreuze an! Jahrhundert der Epoche der Aufklärung: ◯ *18. Jh.* ◯ *17. Jh.* ◯ *19. Jh.*	Bedeutender Lyriker des Expressionismus: G____________ H____________
d)	Kreuze an! Einen inneren Monolog schreibt man ◯ *sachlich* ◯ *emotional*	Schreibe den Satz mit einem Modalverb der Fähigkeit! *Du sollst das Gedicht lernen.*	3. Person Plural Futur II von „schlafen" ____________ ____________	Geburtsort von Shakespeare: S____________ -u____________ -A____________	Kreuze die richtige Schreibweise an! ◯ *appelieren* ◯ *apellieren* ◯ *appellieren*
☺ 😐 ☹	Bewertung: a) ____ b) ____ c) ____ d) ____	Bewertung: a) ____ b) ____ c) ____ d) ____	Bewertung: a) ____ b) ____ c) ____ d) ____	Bewertung: a) ____ b) ____ c) ____ d) ____	Bewertung: a) ____ b) ____ c) ____ d) ____

?	Zu folgenden Aufgaben habe ich noch Fragen:	Schreibe in dein Heft, deinen Ordner oder auf ein Extrablatt!

Deutsch-Basics-Trainer • Klasse 10 – Bestell-Nr. 13 053

KOHL VERLAG

	Montag	Dienstag	Mittwoch	Donnerstag	Freitag
a)	3. Person Singular Futur II von „packen“ ______ ______	Bestimme das sprachliche Mittel! *Das Wasser fließt. Das Wasser sprudelt.* ______	Finde fünf Wortverwandte zu „Aufgabe“! 1.______ 2.______ 3.______ 4.______ 5.______	Notiere die Satzart! *Morgen findet die Uraufführung statt.* ______	Streiche die falsche Schreibweise druch! *Was maßen/massen sie/Sie sich an!*
b)	Plural von Globus ______ ______	Ja oder nein? Eine Anekdote hat eine Überschrift? ______	Gehört unter jedes Bewerbungsschreiben: e______ U______	Verfeindete Familien in „Romeo und Julia“: ______ ______	Bestimme die Wortart! *Wir schicken <u>unseren</u> besten Mann in das Spiel.* ______
c)	Bestimme das Satzglied! *Meine Eltern waren gestern <u>im Restaurant</u>.* ______	Ergänze die passenden Doppellaute! *S____t,* *H____mat,* *T____r,* *B____re*	Bestimme das sprachliche Mittel! *Giftlaternenschein* ______	Bestimme das Reimschema! *…wild,* *… jeder,* *…weder,* *…Bild.* ______	Beziehungsebene bei „Die Ampel ist grün.“ ______ ______ ______ ______
d)	Finde drei Unterbegriffe zu „Atlas“! 1.______ 2.______ 3.______	Kreuze die richtige Schreibweise an! ○ *vermeert* ○ *vermehrt* ○ *vermert*	Markiere alle Interjektionen! HABENAUANOCHOHJEDERKLAROBENAHPOSEGUT	Imperativ von „werden“! ______	Dichter von „John Maynard“: T______ F______
☺ ☹	**Bewertung:** a) ____ b) ____ c) ____ d) ____	**Bewertung:** a) ____ b) ____ c) ____ d) ____	**Bewertung:** a) ____ b) ____ c) ____ d) ____	**Bewertung:** a) ____ b) ____ c) ____ d) ____	**Bewertung:** a) ____ b) ____ c) ____ d) ____

? **Zu folgenden Aufgaben habe ich noch Fragen:**

Schreibe in dein Heft, deinen Ordner oder auf ein Extrablatt!

Deutsch-Basics-Trainer • Klasse 10 – Bestell-Nr. 13 053

KOHL VERLAG

	Montag	Dienstag	Mittwoch	Donnerstag	Freitag
a)	Kreuze die richtige Schreibweise an! ◯ *Europäische Union* ◯ *europäische Union*	Eine der beiden Steigerungsformen des Adjektivs: P__________	Verbinde die Sätze mit „dennoch"! *Er kann gut fahren. Er ist vorsichtig.*	Antonym von „Sieg" __________	Plural von „Filet" __________
b)	Modalverb für Erlaubnis __________	Schreibe in direkter Rede! *Julia sagt, sie gehe zur Gruft.*	Notiere den Oberbegriff! *Sydney, Känguru, Ayers Rock, Aborigines* __________	2. Person Singular Perfekt von „zeigen" __________ __________	Gehört in eine Personencharakterisierung: A__________
c)	Ja oder nein? Hat eine Fabel eine Überschrift? __________	Ordne die Buchstaben und du erhältst ein Märchenmerkmal! *TNEÄGESZEG* __________	Kreuze die richtige Schreibweise an! ◯ *Haverie* ◯ *Havarie* ◯ *Haferie*	Markiere die Präposition! *Das Auto fährt auf der Straße.*	Bestimme den Fall des unterstrichenen Substantivs! *Er schenkt der Dame <u>den Tee</u> ein.* __________
d)	Bestimme das sprachliche Mittel! *Endlich still! Statt endlich ist es still!* __________	Geburtsort von Theodor Storm: H__________	Setze alle Zeichen! *Klar kannst du heute Nachmittag zu mir kommen sagte er*	Eichendorff war ein Dichter der Epoche der … __________	Schreibe richtig ab! ESGIBTNICHTSBRAUCHBARESINDIESERKÜCHE!
☺ 😐 ☹	**Bewertung:** a) ____ b) ____ c) ____ d) ____	**Bewertung:** a) ____ b) ____ c) ____ d) ____	**Bewertung:** a) ____ b) ____ c) ____ d) ____	**Bewertung:** a) ____ b) ____ c) ____ d) ____	**Bewertung:** a) ____ b) ____ c) ____ d) ____

?	**Zu folgenden Aufgaben habe ich noch Fragen:**	**Schreibe in dein Heft, deinen Ordner oder auf ein Extrablatt!**

Deutsch-Basics-Trainer • Klasse 10 – Bestell-Nr. 13 053

KOHL VERLAG

	Montag	Dienstag	Mittwoch	Donnerstag	Freitag
a)	Fachbegriff für Gedichte: __________	Bestimme das sprachliche Mittel! *Der Frühling jauchzt durch die Luft.* __________	Markiere das Modalverb! *Du darfst den Apfel essen.*	Ersetze das vorhandene Modalverb durch das Modalverb des Zwangs! *Der Jäger will den Wolf fangen.*	Schreibe im Futur I! *Er hatte das neue Auto präsentiert.*
b)	Ja oder nein? Die Kalendergeschichte gehört zu den epischen Kleinformen. __________	Fachbegriff, wenn zwei Personen miteinander reden: D__________	Getrennt oder zusammen? Umkreise! *Lass uns Fußballspielen!* *Lass uns Fußball spielen!*	Setze alle Zeichen! *Du solltest gerade unter diesen Vorzeichen vorsichtig sein*	Ergänze d oder t! *gekonn____, en____lich, En____gel____, Mitlei____*
c)	Kreuze an! Einen Dialog schreibt man ◯ *sachlich* ◯ *emotional*	Streiche die falsche Schreibung durch! *Du weißt genau, das/dass das/dass so nicht geht.*	Unter einem Euphemismus versteht man … __________	Erzähler, der aus Sicht der Hauptfigur erzählt: __________	Geburtsort von Goethe: F__________
d)	Der Fabeldichter Aesop lebte in der: A__________	Ergänze ein h, wenn nötig! *Gedu____ld, Hu____fe, gee____rte, So____le*	Schreibe richtig ab! AUFDENMORGIGENTAGFREUEICHMICHSEHR.	Kreuze die richtige Schreibweise an! ◯ *wiederstehen* ◯ *widerstehen* ◯ *wider stehen*	1. Person Mehrzahl Präteritum von „gewinnen" __________
☺ 😐 ☹	Bewertung: a) ____ b) ____ c) ____ d) ____	Bewertung: a) ____ b) ____ c) ____ d) ____	Bewertung: a) ____ b) ____ c) ____ d) ____	Bewertung: a) ____ b) ____ c) ____ d) ____	Bewertung: a) ____ b) ____ c) ____ d) ____

? Zu folgenden Aufgaben habe ich noch Fragen:

Schreibe in dein Heft, deinen Ordner oder auf ein Extrablatt!

Deutsch-Basics-Trainer • Klasse 10 – Bestell-Nr. 13 053

KOHL VERLAG

	Montag	Dienstag	Mittwoch	Donnerstag	Freitag
a)	Bestimme die Zeitform! *Ich werde euch immer im Herzen tragen.* ____________	Bei welcher Textart wird die TATT-Formel verwendet? ____________	3. Person Einzahl Präsens von „fliegen“ ____________	Bevorzugte Literaturgattungen der Weimarer Klassik: ____________ ____________	Selbstoffenbarungsebene von „Da ist etwas Grünes auf der Hose.“ ____________ ____________ ____________
b)	Markiere das Adjektivattribut! *Der leuchtende Feuerball war weit zu sehen.*	Analogisierende Argumente ziehen … ____________ ____________ ____________	Ein Thema des Expressionismus: Z____________ T____________	Notiere die Wortart! *nach* ____________	Plural von „Atelier“ ____________
c)	Notiere drei informierende journalistische Textarten! 1.____________ 2.____________ 3.____________	Kreuze die richtige Schreibweise an! ◯ *Innenstaat* ◯ *Innenstat* ◯ *Innenstadt*	Zeitform einer Personencharakterisierung: ____________	„Carpe Diem“ gehört zu welcher Literaturepoche? ____________	Komparativ von „furchtbar“ ____________
d)	Geburtsort von Fontane: N____________	Schreibe richtig ab! HEINRICHDERACHTEHATTEVIELEEHEFRAUEN.	Imperativ (du) von „treten“ ____________	Streiche die falsche Schreibweise durch! *Es ist noch so weit/soweit zum Strand.*	Schreibe im Perfekt! *Sie werden in den Zoo gehen.*
☺ 😐 ☹	**Bewertung:** a) ______ b) ______ c) ______ d) ______	**Bewertung:** a) ______ b) ______ c) ______ d) ______	**Bewertung:** a) ______ b) ______ c) ______ d) ______	**Bewertung:** a) ______ b) ______ c) ______ d) ______	**Bewertung:** a) ______ b) ______ c) ______ d) ______
?	**Zu folgenden Aufgaben habe ich noch Fragen:**				**Schreibe in dein Heft, deinen Ordner oder auf ein Extrablatt!**

Deutsch-Basics-Trainer • Klasse 10 – Bestell-Nr. 13 053

KOHL VERLAG

	Montag	Dienstag	Mittwoch	Donnerstag	Freitag
a)	Drei Religionen bei „Nathan der Weise“: 1. ____________ 2. ____________ 3. ____________	2. Person Einzahl Futur II von „verschicken“ ____________ ____________	Schreibe im Aktiv! *Das Haus ist vom Maler gestrichen worden.*	Kreuze an! Die Reportage gehört zu den … ◯ *epischen Kleinformen* ◯ *journalistischen Textsorten*	Finde drei passende Unterbegriffe zu „Haus“! 1. ____________ 2. ____________ 3. ____________
b)	Gehört in den Hauptteil eines inneren Monologes: ____________ ____________ ____________ ____________	Superlativ von „viel“ ____________	Dritter Entgrenzungsversuch bei Faust: ____________ ____________	Streiche die falsche Schreibweise durch! *Ich möchte auf ihr/Ihr Angebot zurück kommen/ zurückkommen.*	Umkreise die soziale Kompetenz! *Selbstvertrauen* *Kommunikationsfähigkeit* *Präsentationstechniken*
c)	Kreuze die richtige Schreibweise an! ◯ *Deodorant* ◯ *Deodorand* ◯ *Deodohrand*	Geburtsort von Bernhard Schlink: B____________	Bestimme das Satzglied! *Die <u>vermeintlichen</u> Vorurteile haben sich bestätigt.* ____________	Unter einem Klimax im Theaterstück versteht man den … ____________	Ein Thema des *Sturm und Drang*: S____________
d)	Schreibe richtig ab! DIEBANKBEFINDETSICHAUFDEMDOKTORKÜLZRING.	In der Einleitung einer Bewerbung sollte ich erklären …	„Das Fenstertheater“ von Ilse Aichinger ist eine … ____________	Markiere den Indikativ! *Er war aus dem Haus gekommen.*	Setze alle Zeichen! *Emil widersetzte sich Ich ziehe diese Hose nicht an*
☺ ☹	Bewertung: a) ____ b) ____ c) ____ d) ____	Bewertung: a) ____ b) ____ c) ____ d) ____	Bewertung: a) ____ b) ____ c) ____ d) ____	Bewertung: a) ____ b) ____ c) ____ d) ____	Bewertung: a) ____ b) ____ c) ____ d) ____

? **Zu folgenden Aufgaben habe ich noch Fragen:**

Schreibe in dein Heft, deinen Ordner oder auf ein Extrablatt!

Deutsch-Basics-Trainer • Klasse 10 – Bestell-Nr. 13 053

KOHL VERLAG

	Montag	Dienstag	Mittwoch	Donnerstag	Freitag
a)	1. Person Einzahl Präteritum von „trinken“ __________	„Bank“ hat mehrere Bedeutungen und ist daher ein … __________	Sachebene von „Da steht etwas an der Tafel.“ __________ __________ __________ __________	Plural von Restaurant __________	Setze alle Zeichen! *Wir hoffen wir konnten Sie überzeugen und danken für Ihr Interesse*
b)	Markiere den Redebegleitsatz! *„Neulich“, sagte Frau Mayer, „waren wir in Dresden.“*	Kreuze an! Das Porträt gehört zu den ... ◯ *epischen Kleinformen* ◯ *journalistischen Textsorten*	Schreibe in indirekter Rede! *Frau Hauser erzählte: „Das haben wir damals so gemacht.“*	*„Carpe diem“* heißt auf Deutsch … __________ __________	Geburtsort von Ilse Aichinger: W__________
c)	Kreuze die richtige Schreibweise an! ◯ *velleicht* ◯ *vielleicht* ◯ *vieleicht*	Bestimme den Fall des unterstrichenen Substantivs! *Er geht täglich eine Runde durch den Wald.* __________	Bestimme das sprachliche Mittel! *Ich denke, was ich will. Ich will, was ich denke.* __________	Finde fünf Wortverwandte zu „gewinnen“! 1.__________ 2.__________ 3.__________ 4.__________ 5.__________	Bestimme die Wortart! *Ich habe dir gern geholfen.* __________
d)	Ergänze i oder ie! *Masch____ne, export____ren, B____ne, B____olog____*	Wie viele Erzählstränge gibt es im „Vorleser“?	Schreibe den Satz mit dem Modalverb des Wunsches um! *Ich soll mehr Kartoffeln essen.*	Schreibe richtig ab! AMERSTENDONNERSTAGDESMONATSFAHRENWIRZUMSCHWIMMEN.	Antonym von „schreien“ __________
☺ ☹	Bewertung: a) ____ b) ____ c) ____ d) ____	Bewertung: a) ____ b) ____ c) ____ d) ____	Bewertung: a) ____ b) ____ c) ____ d) ____	Bewertung: a) ____ b) ____ c) ____ d) ____	Bewertung: a) ____ b) ____ c) ____ d) ____

? Zu folgenden Aufgaben habe ich noch Fragen:

Schreibe in dein Heft, deinen Ordner oder auf ein Extrablatt!

Deutsch-Basics-Trainer • Klasse 10 – Bestell-Nr. 13 053

	Montag	Dienstag	Mittwoch	Donnerstag	Freitag
a)	Grußformel in offiziellen Briefen: ____________ ____________	Gehört zu einer Personencharakterisierung: B__________ zu a__________ P__________	Ja oder nein? Ein Tagebucheintrag hat eine Überschrift. ____________	Modalverb für Absichten ____________	Ein Thema der Weimarer Klassik: W__________
b)	Typisches Reimschema des Sonett: ____________ ____________ ____________ ____________	Finde den passenden Oberbegriff! *Kürbis, Fledermaus, Süßes oder Saures, Vampire* ____________	Setz alle Zeichen! *Ich denke dass das ein gutes ehrliches Angebot ist*	Kreuze die richtige Schreibweise an! ◯ *passieren* ◯ *passiren* ◯ *pasieren*	1. Person Einzahl Plusquamperfekt von „bezahlen" ____________ ____________
c)	Markiere den Superlativ! *Am besten gefällt mir der neue Spielplatz.*	Die Literaturepoche der Nachkriegsliteratur enthält Überlegungen zum … ____________ ____________	Fremdwort oder Lehnwort? *bugsieren* ____________	„*Memento mori*" heißt auf Deutsch … ____________ ____________	Der Autor von „Der kleine Prinz": A__________ de S__________ E__________
d)	Bestimme das Satzglied! *Er kam <u>wegen des Unfalls</u> zu spät.* ____________	Kreuze an! Der Bericht ist ... ◯ *meinungsäußernd* ◯ *sachlich* ◯ *beides*	Schreibe im Perfekt! *Ich werde einkaufen gewesen sein.*	Markiere den Relativsatz! *Die Soldaten, die müde sind, marschieren weiter.*	Kreuze an! Eine Personencharakterisierung schreibt man ◯ *sachlich* ◯ *emotional*
☺ 😐 ☹	**Bewertung:** a) ____ b) ____ c) ____ d) ____	**Bewertung:** a) ____ b) ____ c) ____ d) ____	**Bewertung:** a) ____ b) ____ c) ____ d) ____	**Bewertung:** a) ____ b) ____ c) ____ d) ____	**Bewertung:** a) ____ b) ____ c) ____ d) ____

? **Zu folgenden Aufgaben habe ich noch Fragen:**

Schreibe in dein Heft, deinen Ordner oder auf ein Extrablatt!

Deutsch-Basics-Trainer • Klasse 10 – Bestell-Nr. 13 053

KOHL VERLAG

	Montag	Dienstag	Mittwoch	Donnerstag	Freitag
a)	Ja oder nein? Ein Kommentar hat eine Überschrift. ______	Christa Wolf zählte zu den bedeutendsten Schriftstellerinnen der … ______	Ein Thema der Nachkriegsliteratur: G______	Ergänze e/ä und eu/äu! *B____me, Erl____bnis, S____ge, bed____ten*	Markiere den Redesatz! *Er verkündete: „Ich werde Vater!“*
b)	3. Person Mehrzahl Perfekt von „glauben“ ______ ______	Setze alle Zeichen! *Hast du deine Eintrittskarte schon gekauft fragte Sarah*	Bestimme das Reimschema! *… muss, … Kuss, … jedoch, … noch.* ______	Imperativ von „sprechen“: ______	Fachbegriff für den 3. Fall ______
c)	Ergänze s, ss, ß! *schmu____en, flei____ig, mu____, wi____en*	Kreuze die richtige Schreibweise an! ◯ *giehsen* ◯ *gießen* ◯ *gihsen*	Finde drei Synonyme zu „fragen“! 1.______ 2.______ 3.______	Schreibe in direkter Rede! *Sie sagten, die Arbeit sei zu schwer gewesen.*	Bestimme die Wortart! *Die Vögel fliegen im Winter in den Süden.* ______
d)	Faust und Mephisto schließen einen P______	Bestimme das sprachliche Mittel! *Morgens bin ich müde, aber abends bin ich wach.* ______	Schreibe im Passiv! *Er stellte ein Schild auf.*	Streiche die falsche Schreibweise durch! *So fern/Sofern du mir zustimmst, kaufe ich die Karten.*	Schreibe richtig ab! DEMNÄCHSTKANNSTDUDASGANZALLEINEMACHEN!
☺ ☹	Bewertung: a) ____ b) ____ c) ____ d) ____	Bewertung: a) ____ b) ____ c) ____ d) ____	Bewertung: a) ____ b) ____ c) ____ d) ____	Bewertung: a) ____ b) ____ c) ____ d) ____	Bewertung: a) ____ b) ____ c) ____ d) ____

? **Zu folgenden Aufgaben habe ich noch Fragen:**

Schreibe in dein Heft, deinen Ordner oder auf ein Extrablatt!

	Montag	Dienstag	Mittwoch	Donnerstag	Freitag
a)	Zeitform, in der ein Bericht geschrieben wird: ____________	Verberstsatz, Verbzweitsatz oder Verbletztsatz? *(Ich sehe), dass du das Bild gemalt hast.* ____________	Lehnwort oder Fremdwort? *Terrasse* ____________	3. Person Einzahl Präsens von „lernen“ ____________	Unter einer Denotation versteht man … ____________ ____________ ____________
b)	Possessivpronomen von „ich“ ____________	Schreibe im Futur II! *Ich gehe ins Museum.*	Kreuze an! Der Leserbrief ist … ◯ *meinungsäußernd* ◯ *sachlich* ◯ *beides*	Eine Hypotaxe ist ein … ____________	Bestimme die Wortart! *<u>Hurra</u>, jetzt sind wir endlich im Finale!* ____________
c)	Autor vom „Schimmelreiter“: T____________ S____________	Bestimme das sprachliche Mittel! *Kannst du nicht einmal pünktlich sein?* ____________	Plural von „Pizza“ ____________	Finde drei Unterbegriffe zu „Unterrichtsfach“! 1.____________ 2.____________ 3.____________	Sachebene von „Da ist etwas Grünes auf der Hose.“ ____________ ____________ ____________
d)	Kreuze die richtige Schreibweise an! ◯ *Er kam zur Tür herein.* ◯ *Er kahm zur Tür herein.*	Berichtige! *Der Farrer hatt eine Schöne Prädigt gehalten.*	Antonym von „praktisch“ ____________	Markiere die Präposition! *Ich bewerbe mich um einen Praktikumsplatz.*	Streiche die falsche Schreibweise durch! *Das Kind, das/dass ich im Bus getroffen habe, ist die Tochter des Nachbarn.*
☺ 😐 ☹	**Bewertung:** a) ______ b) ______ c) ______ d) ______	**Bewertung:** a) ______ b) ______ c) ______ d) ______	**Bewertung:** a) ______ b) ______ c) ______ d) ______	**Bewertung:** a) ______ b) ______ c) ______ d) ______	**Bewertung:** a) ______ b) ______ c) ______ d) ______

?	**Zu folgenden Aufgaben habe ich noch Fragen:**	**Schreibe in dein Heft, deinen Ordner oder auf ein Extrablatt!**

	Montag	Dienstag	Mittwoch	Donnerstag	Freitag
a)	Meinungs-äußernde, journalistische Textart: L__________	Ja oder nein? Bei einem inneren Monolog muss die Sprache zur Figur passen. __________	Man benutzt Fabeln oft in der Epoche der Aufklärung, weil …	e oder ä? Setze ein. *Str____nde,* *l____cheln,* *T____ller,* *l____cker*	Muss in E-Mails ganz oben ausgefüllt werden: B__________
b)	Setze „gehen“ in der passenden Zeitform ein! *Letzte Woche* __________ *ich ins Kino.*	Berichtige! *In der Teori ist Alles Sonnen klar, nur in der Praxiss ist es schwär.*	Bestimme die Wortart! *<u>Er</u> ist versehentlich in den falschen Raum gegangen.* __________	2. Person Singular Futur II von „sagen“ __________ __________	Ja oder nein? Hat die Kurzgeschichte eine Überschrift? __________
c)	Literaturepoche, die Emotionen und Widerstand gegen gesellschaftliche Normen betont: __________ __________	Bestimme die Wortart! *Der Koch bereitete ein <u>köstliches</u> Essen zu.* __________	Verbinde die Sätze mit einer passenden Konjunktion! *Es regnet stark. Das Konzert wird verschoben.*	Ja oder nein? Bei einem Kommentar verwendet man „alte Sprache“. __________	Aktiv oder Passiv? *Der Lehrer erklärt die Aufgabe.* __________
d)	Markiere den Wortstamm! *aufrufen*	Kreuze die richtige Schreibweise an! ◯ *Mobielität* ◯ *Mobilitet* ◯ *Mobilität*	Unter einer Rezension versteht man …	Finde fünf Wortverwandte zu „pflegen“! 1.__________ 2.__________ 3.__________ 4.__________ 5.__________	Schreibe in indirekter Rede! *„Wir haben gestern Pizza gegessen“, sagte Anna.*
☺ 😐 ☹	**Bewertung:** a) ____ b) ____ c) ____ d) ____	**Bewertung:** a) ____ b) ____ c) ____ d) ____	**Bewertung:** a) ____ b) ____ c) ____ d) ____	**Bewertung:** a) ____ b) ____ c) ____ d) ____	**Bewertung:** a) ____ b) ____ c) ____ d) ____

? **Zu folgenden Aufgaben habe ich noch Fragen:**

Schreibe in dein Heft, deinen Ordner oder auf ein Extrablatt!

Deutsch-Basics-Trainer • Klasse 10 – Bestell-Nr. 13 053

KOHL VERLAG

	Montag	Dienstag	Mittwoch	Donnerstag	Freitag
a)	Berichtige! *Ich werde gestern ins Kino gehen.*	Fachbegriff für jemanden, an dem eine Tat begangen wird: ____________	Ja oder nein? Eine Reportage hat eine Überschrift. ____________	Bestimme das sprachliche Mittel! *Freund und Feind* ____________	Textart von „Romeo und Julia": ____________
b)	In welcher Zeitform muss eine Inhaltsangabe geschrieben werden? ____________	Nenne drei sprachliche Mittel, die man in der Satire häufig verwendet! 1.__________ 2.__________ 3.__________	Gehört in den Schlussteil von Bewerbungen: G__________	Finde den passenden Oberbegriff! *Beichtstuhl, Bibel, Altar, Gesangsbuch* ____________	Name einer Hauptfigur im „Vorleser": M__________ B__________
c)	„Erfinder" des 4-Seiten-Modells der Kommunikation ____________ ____________	Umkreise die methodische Kompetenz! *Selbstvertrauen* *Kommunikationsfähigkeit* *Präsentationstechniken*	Schreibe in indirekter Rede! *„Heute müssen wir gewinnen", seufzte sie.*	Setze alle Zeichen! *Neulich als wir im Park waren kam die Feuerwehr*	Unter einem Präfix versteht man … ____________ ____________ ____________
d)	Unterstreiche den Indikativ! *Ich werde morgen in den Wald gehen.*	Gehört in den Schlussteil eines inneren Monologes: W__________ H__________	Schreibe richtig ab! OMAMÖCHTEIHRGEWOHNTESZUHAUSENICHTVERLASSEN.	Ein Thema des Expressionismus: I__________	3. Person Einzahl Perfekt von „buchstabieren" ____________ ____________
☺ 😐 ☹	Bewertung: a) ____ b) ____ c) ____ d) ____	Bewertung: a) ____ b) ____ c) ____ d) ____	Bewertung: a) ____ b) ____ c) ____ d) ____	Bewertung: a) ____ b) ____ c) ____ d) ____	Bewertung: a) ____ b) ____ c) ____ d) ____
?	Zu folgenden Aufgaben habe ich noch Fragen:				Schreibe in dein Heft, deinen Ordner oder auf ein Extrablatt!

Deutsch-Basics-Trainer • Klasse 10 – Bestell-Nr. 13 053

KOHL VERLAG

	Montag	Dienstag	Mittwoch	Donnerstag	Freitag
a)	Hauptfigur in „Nathan der Weise“: Sultan S____________	1. Person Mehrzahl Plusquamperfekt von „halten“ ____________ ____________	Geburtsort von Schiller: M____________ ____________	Eine Steigerungsform eines Adjektivs: S____________	Unter einer Klimax versteht man … ____________ ____________
b)	Setze alle Zeichen! *Fasse dich kurz forderte der Lehrer auf*	Bestimme die Wortart! *Er geht jeden Abend <u>hinaus</u> in den Garten.* ____________	Ergänze i oder ie! *B____bel,* *L____mit,* *extrah____ren,* *V____rus*	Finde drei Synonyme zu „fahren“! 1.____________ 2.____________ 3.____________	Kreuze die richtige Schreibweise an! ◯ *Theorie* ◯ *Teorie* ◯ *Theori*
c)	Richtige oder falsche Zitierweise? *„Wer reitet so spät durch Nacht und Wind?“* ____________	Anderes Wort für Parabel: ____________	Schreibe im Perfekt! *Der Kuchen wird uns gut schmecken.*	Streiche die falsche Schreibweise durch! *Wir möchten sie/Sie zu einem Vorstellungsgespräch einladen.*	Schreibe im Passiv! *Er hat den Stein der Weisen gefunden.*
d)	Plural von „Museum“ ____________	Typische Charaktereigenschaft des Schafes: ____________	Bestimme das Reimschema! *… Gelde,* *… Helde,* *… Felde,* *…bälde.* ____________	Beschwört Faust in der Szene „Nacht“: ____________	Kreuze an! Literaturepoche von Georg Trakl ◯ *Romantik* ◯ *Expressionismus* ◯ *Aufklärung*
☺ 😐 ☹	**Bewertung:** a) ____ b) ____ c) ____ d) ____	**Bewertung:** a) ____ b) ____ c) ____ d) ____	**Bewertung:** a) ____ b) ____ c) ____ d) ____	**Bewertung:** a) ____ b) ____ c) ____ d) ____	**Bewertung:** a) ____ b) ____ c) ____ d) ____

?	**Zu folgenden Aufgaben habe ich noch Fragen:**	**Schreibe in dein Heft, deinen Ordner oder auf ein Extrablatt!**

Deutsch-Basics-Trainer • Klasse 10 – Bestell-Nr. 13 053

	Montag	Dienstag	Mittwoch	Donnerstag	Freitag
a)	Nenne das Reimschema! *a* *a* *a* *a* ____________	Possessivpronomen von „er“ ____________	Finde fünf Wortverwandte zu „putzen“! 1.__________ 2.__________ 3.__________ 4.__________ 5.__________	1. Person Einzahl Präteritum von „erbauen“ ____________	Konnotation von „Herz“ ____________
b)	Personen, die Auskunft zum Verbrechen geben können: ____________	Schreibe richtig ab! IMBUCHSTEHTVIELERFUNDENESUNDFANTASTISCHES.	Setze alle Zeichen! *Prächtiger rief er entzückt kann man ein Kleid nicht nähen*	Kreuze die richtige Schreibweise an! ◯ *Vestover* ◯ *Vestower* ◯ *Westover*	Plural von „Profit“ ____________
c)	Streiche die falsche Schreibweise durch! *Er wollte dem Tier den garaus machen/ Garaus machen.*	Sollte man im Interview mit Fremden verwenden: H__________	Anzahl der Strophen bei einem Sonett: ____________	Beziehungsebene von „Da steht etwas an der Tafel.“ ____________ ____________ ____________	Bestimme das sprachliche Mittel! *Der Weg ist lang und kurz ist unsere Zeit.* ____________
d)	Markiere das Numeral! *Der Polizist hat viele nützliche Hinweise bekommen.*	Richtig oder falsch? Das Märchen gehört zur Literaturgattung der Dramatik. ____________	Ergänze ein h, wenn nötig! *Ku___bismus, Ma___gen, Ko___l, grü___ßen*	Bestimme das Satzglied! *Der Lampion, <u>der an einem Baum hing</u>, leuchtet schön.* ____________	Verbinde die Sätze mit „wenn“! *Ich gehe zum Lehrer. Du kommst mit.*
☺ 😐 ☹	**Bewertung:** a) _____ b) _____ c) _____ d) _____	**Bewertung:** a) _____ b) _____ c) _____ d) _____	**Bewertung:** a) _____ b) _____ c) _____ d) _____	**Bewertung:** a) _____ b) _____ c) _____ d) _____	**Bewertung:** a) _____ b) _____ c) _____ d) _____

? **Zu folgenden Aufgaben habe ich noch Fragen:**

Schreibe in dein Heft, deinen Ordner oder auf ein Extrablatt!

Deutsch-Basics-Trainer • Klasse 10 – Bestell-Nr. 13 053

KOHL VERLAG

	Montag	Dienstag	Mittwoch	Donnerstag	Freitag
a)	Im Schlussteil meiner Bewerbung sollte ich unbedingt angeben … ______ ______ ______	Fremd- oder Lehnwort? *antithetisch* ______	Bestimme die Wortart! *Das Haus, in <u>das</u> ich gehe, ist die Schule.* ______	Grund für das Begehen eines Verbrechens: ______	Wahr oder falsch? Die Anekdote gehört zu den epischen Kleinformen. ______
b)	Sachebene bei „Es ist grün." ______ ______	Zweiter Entgrenzungsversuch bei Faust: ______ ______	2. Person Mehrzahl Futur I von „treffen" ______ ______	Streiche die falsche Schreibweise durch! *Ich werde mit einem gebrochenem Arm davonkommen/ davon kommen.*	Antonym von „schwach" ______
c)	Richtige oder falsche Zitierweise? *Die Kunst ist lang, und kurz ist unser Leben. (V. 558 f.)* ______	Während der Literaturepoche der Aufklärung gab es folgende Herrschaftsform: A______	Verliebt sich in Faust: ______ ______	„Das Fenstertheater" gehört zur Literaturepoche der … ______ ______	Fand geschichtlich in der Literaturepoche des Barock statt: D______ K______
d)	Schreibe mit dem Modus der Absicht um! *Wir können ins Haus gehen.*	Markiere den Präfix! *international*	Schreibe in direkter Rede! *Der Bürgermeister meinte, das Dorffest wäre ein voller Erfolg gewesen.*	Geburtsort von Erich Kästner: D______	Ein Thema der Literatur der Nachwendezeit: I______
☺ 😐 ☹	**Bewertung:** a) ____ b) ____ c) ____ d) ____	**Bewertung:** a) ____ b) ____ c) ____ d) ____	**Bewertung:** a) ____ b) ____ c) ____ d) ____	**Bewertung:** a) ____ b) ____ c) ____ d) ____	**Bewertung:** a) ____ b) ____ c) ____ d) ____
?	**Zu folgenden Aufgaben habe ich noch Fragen:**				**Schreibe in dein Heft, deinen Ordner oder auf ein Extrablatt!**

Deutsch-Basics-Trainer • Klasse 10 – Bestell-Nr. 13 053

KOHL VERLAG

	Montag	Dienstag	Mittwoch	Donnerstag	Freitag
a)	Getrennt oder zusammen? Umkreise! *Er kann mit dem Rad fahren.* *Er kann mit dem Radfahren.*	Spielte im *Sturm und Drang* eine große Rolle: G__________	Bestimme die Wortart! *Das habe ich dir schon fünfzig Mal gesagt!* __________	Erzählperspektive mit Sicht auf eine bestimmte Person: __________ __________	Modalverb für Wünsche __________
b)	2. Person Einzahl Präteritum von „legen" __________	Unter *Soft Skills* versteht man … __________ __________ __________ __________	Verberst-, Verbzweit- oder Verbletztsatz? *(Ich habe dich gebeten), mir den Honig zu geben.*	Streiche die falsche Schreibweise durch! *Ich bedanke mich für ihre/ Ihre Einladung zum Gespräch.*	Nenne das Reimschema! *a* *a* *b* *c* *c* *b* __________
c)	Welches Prinzip der Erörterung ist dargestellt?	Beziehungsebene von „Da ist etwas Grünes auf der Hose." __________ __________	Schreibe ins Passiv! *Der Nachbar wird mir meine Post geben.*	Ergänze s, ss, ß! *unfa____bar,* *Sü____e,* *genau____o,* *hä____lich*	Fachbegriff für Theaterstücke: __________
d)	Fachbegriff für Fall eines Substantivs: __________	Partizip I von „erklären" __________	Setze alle Zeichen! *Was wunderst du dich fragte sie über die schlechte Note*	Um welche Wortart handelt es sich? *genüsslich, regnerisch, fruchtbar, klein, furchtlos* __________	Zeitform einer Sage: __________
Bewertung	Bewertung: a) ____ b) ____ c) ____ d) ____	Bewertung: a) ____ b) ____ c) ____ d) ____	Bewertung: a) ____ b) ____ c) ____ d) ____	Bewertung: a) ____ b) ____ c) ____ d) ____	Bewertung: a) ____ b) ____ c) ____ d) ____
?	Zu folgenden Aufgaben habe ich noch Fragen:				**Schreibe in dein Heft, deinen Ordner oder auf ein Extrablatt!**

Deutsch-Basics-Trainer • Klasse 10 – Bestell-Nr. 13 053
KOHL VERLAG

	Montag	Dienstag	Mittwoch	Donnerstag	Freitag
a)	Bevorzugte Literaturgattung des *Sturm und Drang*: ______________	Verberst-, Verbzweit- oder Verbletztsatz? Ist das dein letztes Wort? ______________	Dichter der Romantik: E______________	Unter einem Suffix versteht man … ______________ ______________ ______________	Nachbarin von Margarete in Faust I: M______________
b)	Ja oder nein? Ein Brief hat eine Überschrift. ______________	Possessivpronomen von „sie" (Mehrzahl) ______________	Kreuze die richtige Schreibweise an! ◯ *Lobbi* ◯ *Lobby* ◯ *Lobbie*	Erich Maria Remarque gehört zur Literaturepoche der … ______________ ______________	Ein Thema der Literatur der Nachwendezeit: M______________
c)	Denotation von „Herz" ______________ ______________	Bei der linearen Erörterung beginnt man mit … ______________ ______________	Deutsche Bedeutung des sprachlichen Mittels „Neologismus": ______________ ______________	Berichtige! *Neuhlich wah-ren viele Patzienten in der Artztpraxis.*	1. Person Mehrzahl Futur I von „nacherzählen" ______________ ______________
d)	Imperativ von „sehen": ______________	Bestimme das Reimschema! *…solle, …wolle, …Menschheit, …Zeit.* ______________	Streiche die falsche Schreibweise durch! *Die Maschine ist heute nicht mehr wegzudenken/ weg zu denken.*	Unter einem Enjambement versteht man einen … ______________	Setze alle Zeichen! *Was ist passiert fragte sie er-schrocken*
☺ 😐 ☹	Bewertung: a) ____ b) ____ c) ____ d) ____	Bewertung: a) ____ b) ____ c) ____ d) ____	Bewertung: a) ____ b) ____ c) ____ d) ____	Bewertung: a) ____ b) ____ c) ____ d) ____	Bewertung: a) ____ b) ____ c) ____ d) ____

?	**Zu folgenden Aufgaben habe ich noch Fragen:**	**Schreibe in dein Heft, deinen Ordner oder auf ein Extrablatt!**

Deutsch-Basics-Trainer • Klasse 10 – Bestell-Nr. 13 053
KOHL VERLAG

	Montag	Dienstag	Mittwoch	Donnerstag	Freitag
a)	Die *West Side Story* ist die P______ von „Romeo und Julia“.	Fachbegriff für den 4. Fall: ______	Plural von „Team“ ______	Kreuze an! Ein Interview ist … ◯ *meinungsäußernd* ◯ *informierend* ◯ *beides*	Superlativ von „sichtbar“ ______
b)	Markiere den Suffix! *abenteuerlich*	2. Person Mehrzahl Präteritum von „fühlen“ ______	Kreuze die richtige Schreibweise an! ◯ *Apperat* ◯ *Aparrat* ◯ *Apparat*	Antonym von „alt“ ______	Gehört in den Schlussteil eines Protokolls: O______ *und* D______
c)	Finde fünf Wortverwandte zu „raten“! 1.______ 2.______ 3.______ 4.______ 5.______	Berühmter Roman von Erich Maria Remarque: ______ ______	Schreibe im Aktiv! *Der Kürbis wurde von den Kindern geschnitzt.*	Hauptfigur in „Die Leiden des jungen Werther“: L______	Richtig oder falsch? Anrede im offiziellen Brief *Liebe Frau Maltow, …* ______
d)	Bilde einen Relativsatz! *Der Kuchen schmeckt gut. Der Kuchen ist vom Bäcker aus der Stadt.*	Bestimme das sprachliche Mittel! *Es gackern die Hühner so laut. Der Traktor dröhnt so laut.* ______	Markiere die Numerale! OBENGERNUNDWENIGJASECHSTRACHTNEUNZIGWOHL	Streiche die falsche Schreibweise durch! *Bitte senden sie/Sie mir eine Bestätigung.*	Bestimme das Satzglied! *Er <u>schleuderte</u> den Ball fünfzig Meter weit.* ______
☺ ☹	**Bewertung:** a) ___ b) ___ c) ___ d) ___	**Bewertung:** a) ___ b) ___ c) ___ d) ___	**Bewertung:** a) ___ b) ___ c) ___ d) ___	**Bewertung:** a) ___ b) ___ c) ___ d) ___	**Bewertung:** a) ___ b) ___ c) ___ d) ___
?	**Zu folgenden Aufgaben habe ich noch Fragen:**				**Schreibe in dein Heft, deinen Ordner oder auf ein Extrablatt!**

Deutsch-Basics-Trainer • Klasse 10 – Bestell-Nr. 13 053

KOHL VERLAG

	Montag	Dienstag	Mittwoch	Donnerstag	Freitag
a)	Ja oder nein? Die Parallel-geschichte hat eine Überschrift. ____	Ort, an dem Faust Valentin tötet: ____	Ort, an dem ein Verbrechen begangen wird: ____	Bestimme das sprachliche Mittel! *Das Haus wirft einen langen Schatten auf den Boden.* ____	Antonym von „nehmen" ____
b)	Ergänze s, ss, ß! *Glei____, So____e, Verhängni____, Me____er*	Notiere, welche W-Fragen im Hauptteil eines Berichtes beantwortet werden!	Ja oder nein? Die Parabel ist eine journalisti-sche Textsorte. ____	Schreibe in wörtlicher Rede! *Frau Lauer meinte, der Nachbar hätte sich verdächtig verhalten.*	Markiere die Konjunktion! *Ich gehe öfter in den Wald und sammle Pilze.*
c)	Schreibe im Futur I! *Karl schrieb einen guten Aufsatz.*	Kreuze die richtige Schreib-weise an! ○ *Camenbert* ○ *Camembert* ○ *Camenberd*	Streiche die falsche Schreib-weise durch! *Gehst du morgen/Morgen zum Friseur?*	Bestimme die Wortart! *Der Hund rannte einfach davon.* ____	Richtig oder falsch? Der Krimi hat eine Spannungs-kurve. ____
d)	Plural von „Visum" ____	Bestimme das Reimschema! *...Ort, ...dort, ...wer, ...Spaß, ...Maß, ...quer.* ____	Imperativ von „legen": ____	3. Person Einzahl Perfekt von „finden" ____ ____	Selbstoffenba-rungsebene von „Da steht etwas an der Tafel."
☺ ☹	**Bewertung:** a) ____ b) ____ c) ____ d) ____	**Bewertung:** a) ____ b) ____ c) ____ d) ____	**Bewertung:** a) ____ b) ____ c) ____ d) ____	**Bewertung:** a) ____ b) ____ c) ____ d) ____	**Bewertung:** a) ____ b) ____ c) ____ d) ____

? **Zu folgenden Aufgaben habe ich noch Fragen:**

Schreibe in dein Heft, deinen Ordner oder auf ein Extrablatt!

Deutsch-Basics-Trainer • Klasse 10 – Bestell-Nr. 13 053

KOHL VERLAG

	Montag	Dienstag	Mittwoch	Donnerstag	Freitag
a)	Was gehört in den Schlussteil einer Inhaltsangabe? W__________	3. Person Mehrzahl Präteritum von „verlassen" __________	Gehört zur nonverbalen Kommunikation: M__________ *und* G__________	Ort des letzten Zusammentreffens von Faust und Gretchen: __________	Selbstoffenbarungsebene von „Es ist grün." __________ __________
b)	Streiche die falsche Schreibweise durch! *Aus Schaden wird man/Mann klug.*	Geburtsort von Kafka: P__________	Finde fünf Wortverwandte zu „beobachten"! 1.__________ 2.__________ 3.__________ 4.__________ 5.__________	Aktiv oder Passiv? *Der Schatz wird geborgen werden.* __________	Markiere den Präfix! *vorschlagen*
c)	Richtig oder falsch? Ein Gedicht besitzt immer ein Reimschema. __________	Ja oder nein? Ein Bericht hat eine Überschrift. __________	Zählt zu den Anlagen einer Bewerbung: Z__________	Unter einer Peripetie in einem Drama versteht man … __________ __________	Ein Thema des *Sturm und Drang*: p__________ F__________
d)	Kreuze die richtige Schreibweise an! ◯ *Kliescheh* ◯ *Kliesche* ◯ *Klischee*	Danach darf man in einem Vorstellungsgespräch nicht gefragt werden R__________ __________	Setze alle Zeichen! *Ich gebe dir mein Wort dass ich nicht lüge*	Bestimme die Diagrammart! __________	Adjektiv zu „Sprache" __________
☺ ☹	Bewertung: a) ____ b) ____ c) ____ d) ____	Bewertung: a) ____ b) ____ c) ____ d) ____	Bewertung: a) ____ b) ____ c) ____ d) ____	Bewertung: a) ____ b) ____ c) ____ d) ____	Bewertung: a) ____ b) ____ c) ____ d) ____

?	Zu folgenden Aufgaben habe ich noch Fragen:	Schreibe in dein Heft, deinen Ordner oder auf ein Extrablatt!

Deutsch-Basics-Trainer • Klasse 10 – Bestell-Nr. 13 053

KOHL VERLAG

	Montag	Dienstag	Mittwoch	Donnerstag	Freitag
a)	Typische Anrede in Bewerbungen: ____________ ____________ ____________ ____________	Ein Thema des Expressionismus: T____________	Unter einer Konnotation versteht man … ____________ ____________ ____________ ____________	Possessivpronomen von „du" ____________	Notiere das Prinzip eines Berichts! ____________ ____________ ____________
b)	Setze alle Zeichen! *Kannst du mir das Buch geben fragte Eva*	Komparativ von „viel" ____________	Markiere den Präfix! *entbehren*	Richtige oder falsche Zitierweise? *„Ich habe dort gearbeitet." (Z.15)* ____________	Literaturepoche, die Wert auf Vernunft und Fortschritt legt: A____________
c)	Fachbegriff für Doppellaut: ____________	Modalverb für Fähigkeiten ____________	2. Person Einzahl Plusquamperfekt von „verkaufen" ____________ ____________	Anderes Wort für innerer Monolog: S____________	Schreibe im Passiv! *Ich zerschneide das Papier.*
d)	Ein Schweifreim besteht aus ______ Versen.	Ergänze s, ss, ß! *Vorkommni___,* *Ri____,* *Ra____ierer,* *Grie____*	Bestimme das sprachliche Mittel! *Der Abend verneigte sich vor dem Morgen.* ____________	Kreuze die richtige Schreibweise an! ◯ *methodisch* ◯ *mehtodisch* ◯ *metodisch*	Ja oder nein? Hat ein Märchen eine Überschrift? ____________
☺ ☹	Bewertung: a) _____ b) _____ c) _____ d) _____	Bewertung: a) _____ b) _____ c) _____ d) _____	Bewertung: a) _____ b) _____ c) _____ d) _____	Bewertung: a) _____ b) _____ c) _____ d) _____	Bewertung: a) _____ b) _____ c) _____ d) _____

? **Zu folgenden Aufgaben habe ich noch Fragen:**

Schreibe in dein Heft, deinen Ordner oder auf ein Extrablatt!

Deutsch-Basics-Trainer • Klasse 10 – Bestell-Nr. 13 053
KOHL VERLAG

1	Montag	Dienstag	Mittwoch	Donnerstag	Freitag
a)	Epik, Lyrik, Dramatik	Der Schuster	(Johann Wolfgang von) Goethe	Glas/Substantiv bei/Präposition klingen/Verb schädlich/Adjektiv	Aesop
b)	Frank sagt: „Es wäre schön, wenn du mitkommen würdest."	Anlass	lebendig	Wir gehen heute baden, wenn das Wetter schön ist. *Hinweis: Achte auf das Komma vor der Konjunktion.*	PROBIEREN **HEUTE** FUCHS BUCH LÜGEN OBWOHL NACH WERT GLAUBEN
c)	Detektiv	sie haben gelesen	Sehr geehrte Damen und Herren,	*mögliche Lösungen:* rennen, laufen, schleichen, eilen, schreiten *Hinweis: Nur drei Wörter nennen*	Absätze
d)	Großstadt	schwarz	GOTTGLASKUGEL **WEITERWEG** ZAUBERER **MAGISCHEZAHLEN**FROSCH	Das Buch, das/ ~~dass~~ ich von Oma bekommen habe, ist sehr spannend.	Strophen

2	Montag	Dienstag	Mittwoch	Donnerstag	Freitag
a)	Behauptung (Meinung, These), Begründung, Beispiel	DAS**OBWOHL** VERSUCH**DENN**PROBLEM**WEIL**SAGE**ABER**ZU**DAMIT**	Präteritum	Beim Lesen tauche ich in die Fantasiewelt ab.	1. Lehre/Moral, 2.Tiere sprechen und verhalten sich wie Menschen, 3.Tiere haben menschliche Charaktereigenschaften
b)	du warst gekommen	Der Vater sagte: „Es ist gut, in die Schule zu gehen."	Passiv Das Lied wird von den Schülern gesungen.	Substantiv/ Nomen	Redesatz und Redebegleitsatz
c)	Täter, Tat, Ermittler	Haustiere	Verfahren	Dracula	Er fuhr mit dem Schiff, obwohl er seekrank war.
d)	Toleranz	Ergebnisprotokoll Verlaufsprotokoll	Linien-, Balken-, Säulen-, Kreis-, Kreisringdiagramm	passendes Datum, Anrede „Liebes Tagebuch", Anlass	Am Anfang = Alliteration, strahlte die Sonne = Personifikation

3	Montag	Dienstag	Mittwoch	Donnerstag	Freitag
a)	Kreuzreim	mögliche Antworten: begreifen, vergreifen, ergreifen, vorgreifen, hingreifen …	Das Bild ist vom Lehrer gezeigt worden.	mögliche Antworten: Sehnsucht, Wald, Mond, Liebe, Einsamkeit, Fantasie …	ich hatte geküsst
b)	Symbol	Satzverbindung	Präsens	Vorstellung der eigenen Person und Grund des Interviews	„Den Notizblock aus dem Buchladen“, sagte sie, „wünsche ich mir.“
c)	Charakter	Ringparabel	Adjektiv	Problematik	ja
d)	Er geht montags/ ~~Montags~~ zum Fußball.	Am Ende des gestrigen Tages war ich kaputt.	Skifahren	Futur I	sein/seine

4	Montag	Dienstag	Mittwoch	Donnerstag	Freitag
a)	... sie steigert.	(1) Pro- und Kontra-Argumente notieren (3) Abwägen (4) Standpunkt notieren (2) Argumente gewichten	Am Ende zählen die verschiedenen Sichtweisen.	Trümmerliteratur	Bild- und Sachebene
b)	Verberstsatz	Dativ (3. Fall, Wem?)	Das Wetter ist schön und ich gehe Eis essen. *(Es handelt sich um zwei miteinander verbundene Hauptsätze.)*	Adverb	mögliche Lösungen: -ig, -isch, -lich-, -haft, -bar, …
c)	Gedanken und Gefühle	Liter, Grammatik, Widersacher, Wiederholung	Eines ~~morgens~~/ Morgens ging Rotkäppchen in den Wald.	ihr jauchztet	Lehre
d)	Am Samstag, den 25.11. (,) findet unsere Vereinssitzung statt.	sachliche Schreibweise	Fragen zum Text beantworten bzw. Aufgaben lösen	Who done it?, How to catch them?	absolute Adjektive

5	Montag	Dienstag	Mittwoch	Donnerstag	Freitag
a)	Experiment	ihr werdet gerufen haben	„Wir können uns morgen treffen“, sagte sie.	Singular	Leute, Beule, Räuber, Fäulnis, Mäuler
b)	Es war einmal	lineare Erörterung	Der Vorstand überreichte mir den ersten Preis.	Beide Schreibweisen sind richtig.	Schiller
c)	20. Jh.	informieren	Wer? Was? Wann? Wo?	Ich gehe gern in den Garten und gieße die Blumen.	Am Dienstagmorgen kamen die ersten Touristen.
d)	Adjektiv	richtig	Balkendiagramm	Anführungszeichen und Zeilenangabe	Präposition

6	Montag	Dienstag	Mittwoch	Donnerstag	Freitag
a)	Wünsche und Hoffnungen	Perfekt	Kompasse	Badezimmer	Verbzweitsatz
b)	Brüder Grimm	endlich	Passiv	… dem schwächsten Argument der „gegnerischen“ Seite.	Präposition oder Adverb (Beides ist je nach Kontext möglich.)
c)	Die Wurst wurde von mir eingekauft.	Vergleich	Liebe…, Lieber …,	„Wir gehen ins Kino“, erklärte die Tochter.	… etwas sagt, was man genau gegenteilig meint.
d)	informierend	Das leerstehende/ ~~leer stehende~~ Haus verfällt zusehends.	Dativ (3. Fall)	Ich habe mir etwas Schönes ausgesucht.	mögliche Lösungen: PC, Drucker, Schreibtisch, Telefon, Stift, Hefter, Papier …

Deutsch-Basics-Trainer • Klasse 10 – Bestell-Nr. 13 053
KOHL VERLAG

7	Montag	Dienstag	Mittwoch	Donnerstag	Freitag
a)	geschlossene Frage	„Ich meine das Buch“, sagte Henry, „mit dem roten Einband.“	… Pointe.	plötzlich	… der Ausgangsgeschichte und der Parallelgeschichte übereinstimmen.
b)	Komparativ	Akkusativobjekt (Wen?/Was?)	Rationalismus	Wolfgang Borchert	Perfekt
c)	Das Quaken der Frösche ist fürchterlich.	Bei einigen/ ~~Einigen~~ muss ich mich bedanken.	Die Säure lief über den Tisch.	Iss!	Sehen wir uns abends/ ~~Abends~~?
d)	Der Einkauf wird von der Frau ins Auto gestellt.	wenig Gutes	auskämmen, Kamm, gekämmt, durchkämmen, Gebirgskamm …	Personifikation	Verb

8	Montag	Dienstag	Mittwoch	Donnerstag	Freitag
a)	Wer?, Was?, Wann?, Wo?	heute Häute träumen räumen	Vers	grob lesen	Im Haus, dessen Tür blau ist, befindet sich eine große, alte Schatztruhe.
b)	Novalis	Liniendiagramm	ja	Ballade	Krieg
c)	vier (Possessivpronomen)	„Wir können“, sagte er mit einem besorgten Blick zum Himmel, „lieber ins Haus gehen.“	Romeo und Julia	Erich-Weinert-Straße	Die Köchin würzt die Suppe.
d)	Die Spannungskurve am Ende einer Abenteuer-/Gruselgeschichte fällt schneller ab als in einer (Erlebnis-)Erzählung.	Lokalbestimmung (adverbiale Bestimmung des Ortes)	Genitiv (2. Fall – Wessen?)	Personalpronomen	Olga schreit, er dürfe das nicht tun.

Deutsch-Basics-Trainer • Klasse 10 – Bestell-Nr. 13 053
KOHL VERLAG

9	Montag	Dienstag	Mittwoch	Donnerstag	Freitag
a)	1. Bank zum Setzen; 2. Bank, um Geld anzulegen	„Können ~~sie~~/ Sie mir bitte den Weg zeigen?“	… eine Ballade.	umarmender Reim	retardierendes Moment
b)	Adresse	Man prüft, ob es ein wortverwandtes Wort mit au gibt. Ist dies der Fall, dann wird das Wort mit äu geschrieben, andernfalls verwendet man eu.	Der Fluss floss sanft dahin.	wir hatten gesprochen	wahr
c)	… eine Überkreuzung von Satzteilen oder Sätzen.	Maria liest gerne Bücher, <u>wenn sie Zeit hat</u>.	1. Adverb 2. Numeral (Zahlwort)	Kreisringdiagramm	„Was kann denn so schlimm sein, Glück zu haben?“, fragte er sie.
d)	Kausalbestimmung (adverbiale Bestimmung des Grundes)	mögliche Lösung: Das Lied wird von den Schülern gesungen.	meinungsäußernd	Präsens für Gegenwart, Präteritum für Vergangenheit (Präsens sollte dabei überwiegend genutzt werden)	Barock

10	Montag	Dienstag	Mittwoch	Donnerstag	Freitag
a)	Die Straße war nass, weil es geregnet hat.	Hobbys	Es handelt sich um ein **absolutes Adjektiv**. Daher gibt es keine Steigerungsformen.	ich werde denken	Anapher
b)	Anlass	Ich brauche einen Block, einen Hefter, Pinsel und Stifte.	Konjunktion	Ankauf, Verkauf, verkaufen, ankaufen, käuflich, Abverkauf, Käufer …	Adverb
c)	Am Ersten Mai/ ~~ersten Mai~~ gehen wir wandern. *(besonderer Kalendertag)*	Temporalbestimmung (adverbiale Bestimmung der Zeit)	Am Samstagmorgen/ ~~Samstag Morgen~~ gehe ich Brötchen holen.	Lea sagt, sie würde mitkommen. / Lea sagt, sie käme mit.	Welche Folgen?
d)	Der Koch hatte den Herd angelassen.	Lessing	… Verabschiedung und der Dank für das Interview	~~Wiedersacher~~/ Widersacher	Plusquamperfekt

Deutsch-Basics-Trainer • Klasse 10 – Bestell-Nr. 13 053
KOHL VERLAG

11	Montag	Dienstag	Mittwoch	Donnerstag	Freitag
a)	Die Polizei untersucht den Unfall.	gehört, Hörgerät, Hörer, abhören, anhören, Anhörung, verhören, Verhör …	Das Gelbe vom Ei. ~~Das gelbe vom Ei.~~	Viele Seefahrer navigierten nach den Sternen.	Der Polizist muss/kann den Dieb festnehmen.
b)	Futur II	du rächtest	Gedanken und Gefühle, Schilderung des Geschehens	Lies!	Dativ (Wem?) 3. Fall
c)	Romantik	… der einen Seite	„Fang mit der Aufgabe an!“, forderte der Lehrer auf.	Passiv	Alliteration
d)	„Die Musik klingt sehr schön“, sagte Eleonore.	Auf der A4 gab es einen ~~spektakulären~~ Unfall.	Relativsatz	Verb	~~Reissverschluss~~/ Reißverschluss/ ~~Reisverschluss~~

12	Montag	Dienstag	Mittwoch	Donnerstag	Freitag
a)	Anlagen	Heute Morgen/ ~~heute morgen~~ war es draußen laut.	lineare und dialektische Erörterung	er/sie/es hat gejagt	Ich muss sowohl Käse als auch Wurst einkaufen.
b)	Tim erklärt, er werde am Tag darauf zeitig aufstehen.	dafür spricht	Kurzform der Nachricht	ihr/ihre	Fragesatz
c)	Die Gegend wird ihr unheimlich sein.	Ich hoffe sehr, ~~das~~/dass du dich besserst.	Sitzmöbel	gäbe	Perfekt
d)	Sehnsucht	Kennung, Kenner, anerkennen, erkennen, bekennen, Kennzeichen …	Kuss	Gryphius	loben

13	Montag	Dienstag	Mittwoch	Donnerstag	Freitag
a)	„Wir sollten zum Bus gehen“, schlug Greta vor.	Pizza	Rezension	schöner	auf der anderen Seite
b)	Gib!	Als ich ankam, hatte die Party schon begonnen.	Fremd- und Fachwörter markieren	bitterkalt, bitterlich, Bitterkeit, zartbitter, Verbitterung, Bittermandel …	Saisons
c)	Unbekannte hatten den Zug demoliert.	Ich kann weder Englisch noch Spanisch.	… eine Wiederholung gleicher Vers- oder Satzenden.	Beim Einparken übersah sie das Auto.	mögliche Lösungen: Vanille, Erdbeere, Schoko, Himbeere …
d)	Es ist schon ~~Viertelacht~~/ viertel acht.	Nominativ (Wer?) 1. Fall	Bäcker, Mütze, Ekel, Kritzelei	Ich war ins Freibad gegangen.	sie kaufen

14	Montag	Dienstag	Mittwoch	Donnerstag	Freitag
a)	… einen verkürzten Satz.	er/sie/es hatten gemacht	Gleichung, Gleichnis, gleich, vergleichen, angleichen, begleichen …	Klimax	faszinierend
b)	gut, besser, am besten	(zweiteiliges) Prädikat	offene Frage	Themen	Adjektiv
c)	käme	informierend	Epipher	Ich habe den Baum gefällt.	Verbletztsatz
d)	Am Samstag, dem 23. März (,) um 19 Uhr (,) treffen wir uns.	… Liebe.	Der Schüler hat ~~freigesprochen~~/ frei gesprochen.	Zerstörung	Ich bin im Dorf.

Deutsch-Basics-Trainer • Klasse 10 – Bestell-Nr. 13 053
KOHL VERLAG

15	Montag	Dienstag	Mittwoch	Donnerstag	Freitag
a)	Plural	rhetorische Frage	am schnellsten	Dativ (Wem?) 3. Fall	Präsens bzw. Perfekt
b)	Simplicissimus	Kasus	wahrhaftig	bläulich, Jäger, jedenfalls, feudal	Ich freute mich über den Besuch.
c)	Ich möchte ~~ihnen~~/Ihnen ~~ihr~~/Ihr Buch geben.	Paarreim	Das Pferd sprang über den Zaun.	Kannst	Fabel
d)	Das Fahrzeug ist von dem Mann abgestellt worden.	Kurzgeschichte	sie werden gekehrt haben	Parabel	Sie fragte: „Kannst du mir die Butter reichen?“

16	Montag	Dienstag	Mittwoch	Donnerstag	Freitag
a)	… Fragen, bei denen die Antwortmöglichkeiten vorgegeben sind – man also nur mit „ja“ oder „nein“ antworten kann.	Sturm und Drang	Ich werde den Salat einkaufen.	Fremd-/Fachwörter nachschlagen	Lehre/Moral
b)	Goethe	Chiasmus	Klimax	Offensichtlich war/~~wahr~~ das Gesagte ~~war~~/ wahr.	Das Kind warf den Ball.
c)	Hass, (er) las, Fass, (er) aß	aufblühen, erblühen, Blüte, blütenrein, verblühen, Blütenblatt …	Bei manchen Sportarten, zum Beispiel beim Downhill-Biking, gibt es ein hohes Risiko.	Akkusativobjekt (Wen?)	Sherlock Holmes
d)	fröhlich	Adverb	Aufforderungssatz	Das war einfach zu viel des Guten.	ich naschte

17	Montag	Dienstag	Mittwoch	Donnerstag	Freitag
a)	Wette	schizophren	Wir sind in den Wald gegangen.	Ich habe eine ~~sechs~~/Sechs gewürfelt.	Euphemismus
b)	ihr entdeckt	Imperativ	Epik	er wüsste	Ping-Pong-Prinzip, Sanduhrprinzip
c)	Adverb	Temporalbestimmung (adverbiale Bestimmung der Zeit)	schlau	„Welches Geschäft meinst du?“, fragte Elmira.	Das Kochen von Gemüse ist einfach.
d)	Kreuzreim	am fruchtbarsten	Goethe	sagen, sprechen, schreien, flüstern, erklären …	Das Auto wird (vom ihm) repariert werden.

18	Montag	Dienstag	Mittwoch	Donnerstag	Freitag
a)	… eine Wiederholung gleicher Satz- oder Versanfänge.	Er geht früh aus dem Haus, damit er zeitig Feierabend machen kann.	holend	Höflichkeitsformen	Nominativ
b)	Präteritum	Präteritum	er/sie/es hat geraschelt	wahren Kern	unser/unsere
c)	Präposition	Wir gehen immer sonntags/ ~~Sonntags~~ in die Kirche.	Modalbestimmung (adverbiale Bestimmung der Art und Weise)	Die Lehrerin schlug das Buch auf.	Ein Buch, nämlich den letzten Teil, habe ich noch nicht gelesen.
d)	… Deutschlands.	verrückt	kostbar, kostenintensiv, kostspielig, Unkosten, Reisekosten, Kosten …	Individuen	gebräuchlich

Deutsch-Basics-Trainer • Klasse 10 – Bestell-Nr. 13 053

KOHL VERLAG

19	Montag	Dienstag	Mittwoch	Donnerstag	Freitag
a)	Trotz des verspäteten Starts erreichten wir unseren Zug.	Akkusativ (Wen?)	Plusquamperfekt	Mephisto (pheles)	sehr klein
b)	Lebenslauf	Tor, Pforte, Portal, Eingang, Zugang, …	Du hast etwas ~~ähnliches~~/Ähnliches in deinem Schrank.	Aufforderungssatz	Verberstsatz
c)	Bernhard Schlink	Picknick	Götter und Helden	offene Frage	Alliteration
d)	Schuss, Fluss, Gruß, Mus	Ich bin zu Oma gelaufen.	Er sagte: „Sie ist sehr hübsch."	du spieltest	18. Jh.

20	Montag	Dienstag	Mittwoch	Donnerstag	Freitag
a)	TATT-Formel (Titel, Autor, Thema, Textsorte)	Entgelt	Alliteration	Ich kenne ihn schon seit/~~seid~~ Jahren.	Täter
b)	Sonett	zusätzlich, ferner, hinzugefügt, ergänzend, auch, weiterhin …	Ich komme dich am Montag, dem 30 Mai (,) um 20 Uhr (,) abholen.	Dativ (Wem?) 3. Fall	17. Jh.
c)	röche	Ihm ist angst und bange.	wir lachten	(William) Shakespeare	Präsens
d)	4-Ohren-Modell/ Kommunikationsquadrat/ Nachrichtenquadrat	Kamenz	Sie ging freudig über die Wiese.	Du musst das Buch unbedingt lesen!	„Hast du", fragte sie, „an den Korb gedacht?"

21	Montag	Dienstag	Mittwoch	Donnerstag	Freitag
a)	Grund für die Bewerbung (z. B. Bezug zu einer Stellenanzeige …)	Der Koch kündigt, weil es ihm zu stressig ist.	Balkone	Jerusalem	Hilf!
b)	wir haben getaucht/ wir sind getaucht (abhängig von der Bedeutung)	Präposition und Artikel (*zu der*)	„Hast du den Regenschirm eingepackt?“, fragte die Mutter.	Fassade	Pro und Kontra
c)	Tragödie	Der Hund wird den Stock holen.	Spuren	Entbindungspfleger	Perfekt
d)	Akkusativ (4. Fall)	20. Jh.	Fachsprache	GEHEN**GEGEN**KLAR**MIT**POST**ÜBER**LACHENDOBERMAUS**FÜR**	Verlockung, Reiz, Verführung, Betörung, Blendwerk …

22	Montag	Dienstag	Mittwoch	Donnerstag	Freitag
a)	… menschliche Schwächen und gesellschaftliche Missstände	Soll- und Muss-Kriterien	… Zueignung, Vorspiel auf dem Theater und Prolog im Himmel.	Epipher	sie hatten sich umarmt
b)	werde (Hinweis: da dieser gleich mit Indikativ ist, verwendet man oft Konjunktiv II: würde.)	Ich habe Ihren Roman mit ~~grossem Interesse~~/ großem Interesse gelesen.	Er band sich die Schuhe, damit er nicht fiel.	Akkusativobjekt (Wen oder Was?)	… Fragen, die individuelle Antworten ermöglichen. Es handelt sich dabei oft um W-Fragen (z.B. Was?).
c)	sollen	Spaß, außerdem, Abschluss, deshalb	reparieren	ja	Humanität
d)	Obwohl er das Gedicht geschrieben hat, wurde es erst nach seinem Tod veröffentlicht.	Das Getreide ist vom Mähdrescher gedroschen worden.	Nach langem Hin und Her gab es eine Lösung.	lyrisches Ich	Adjektiv

23	Montag	Dienstag	Mittwoch	Donnerstag	Freitag
a)	Die Verwandlung	Sanduhrprinzip	du erzähltest	Wünsche und Hoffnungen (z.B. baldige Rückantwort)	Präsentations-mittel
b)	Waage, Boot oder Beet, Sei-fe, Maus oder Moos	Modalbestim-mung (adverbia-le Bestimmung der Art und Weise)	auktorialer (allwissender) Erzähler	tief	Beim Autofahren wird mir schlecht.
c)	Alliteration	Aufforderungs-satz	kurze Situationsbe-schreibung (Ort, an dem die Personen aufeinandertreffen; Namen der Personen)	Nathan der Weise	Fahr los!
d)	nein	Sein Freund sagte, dass er das nicht glaube.	anmalen, abma-len, Maler, ma-lerisch, gemalt, handgemalt, Malblock …	Aufgrund/ ~~Auf Grund~~ der geringen Anmel-dungen fällt das Seminar aus.	Ich war beim Turnier dabei.

24	Montag	Dienstag	Mittwoch	Donnerstag	Freitag
a)	Genus	angeben, er-wähnen, sagen, aufzählen …	Wünsche und Hoffnungen	Sachebene, Selbstoffen-barungsebene, Appellebene, Be-ziehungsebene	… welche schuli-schen/beruflichen Erfahrungen ich bereits gesammelt habe und wie diese zum Beruf passen.
b)	Du bist absolute Spitze!	fahren, führen, geben, heben	Interjektion	Präsens	ihr seid gelaufen
c)	„Reinige den Hamsterkäfig!", forderte die Mutter.	Er ist gekom-men, um sich vorzustellen/ ~~vor zu stellen~~.	Alliteration	unten	nein
d)	… ein argumen-tativer Leser-brief zu einem Zeitungsartikel.	Standesunter-schiede	Sie meinte: „Das ist keine gute Idee."	Ihr ~~seit~~/seid wahre Freunde für mich.	Präsens und Perfekt

25	Montag	Dienstag	Mittwoch	Donnerstag	Freitag
a)	seit 5 Jahren	Du kannst jederzeit das Auto nehmen.	Es war ihr, als ob die Geschichte wahr wäre.	Selbstvertrauen	Ermittler
b)	Indikativ	Der Zug transportierte den Container.	Titel, Autor, Textart, Thema	Mach das weg!	er/sie/es wird lügen
c)	Adjektiv	Moneten, Kohle, Schotter, Zaster, Finanzen …	fürchterlicher	Präteritum	Beim ~~arbeiten~~/ Arbeiten mit dem Bohrer muss man aufpassen.
d)	ja	Inversion	Sie schrie, dass sie jetzt führe.	Teilnehmer, Ort, Datum, Thema	euer/eure

26	Montag	Dienstag	Mittwoch	Donnerstag	Freitag
a)	Ironie	Anapher	Gespräch, freuen, Ehrenwort, säubern	Anlass	Ich war zum Fleischer gegangen.
b)	Kurzgeschichte	„Du bist“, sagte er, „deines Glückes Schmied.“	Cappuccino(s)/ Cappuccini	Es ist ihm klar, ~~das~~/dass er ein Verbrechen begeht.	… eine Frage, deren Antwort man schon kennt./… eine scheinbare Frage.
c)	Genitiv (Wessen?)	Tatwaffe	Genitiv	Er will sie unterstützen, indem er ihr Geld borgt.	beides
d)	ich baue	Er sagt: „Sie ist hübsch.“	leidgeprüft, gelitten, Leid, Beileid, leidenschaftlich, bemitleiden …	Buch des Nostradamus	Lehnwort

Deutsch-Basics-Trainer • Klasse 10 – Bestell-Nr. 13 053

KOHL VERLAG

27	Montag	Dienstag	Mittwoch	Donnerstag	Freitag
a)	Der Geburtstag meiner Schwester ist im Mai.	Himmelskörper	Bis bald, dein/deine …	langsam	… dem stärksten Argument der „gegnerischen“ Seite.
b)	Modalbestimmung (adverbiale Bestimmung der Art und Weise)	Adjektivattribut	Genitiv (Wessen?) 2. Fall	ihr standet	Verdruss
c)	Paarreim	mögliche Lösungen: sprechen, rufen, flüstern, schreien, erzählen…	… eine Gegenüberstellung gegensätzlicher Begriffe und Gedanken	die Langform der Nachricht	Der Mann, der am Telefon sprach, war ein Arzt.
d)	Ich-Perspektive (aus Sicht der vorgegebenen Figur)	… davor ein langer oder kurzer Vokal steht.	Klassik	Ich bleibe am Herd, damit der Milchreis nicht anbrennt.	Der Lehrer sagte, dass sie heute ein Gedicht schrieben/ schreiben würden.

28	Montag	Dienstag	Mittwoch	Donnerstag	Freitag
a)	Babys	du wirst machen	Einladungswunsch (zu einem Vorstellungsgespräch)	Lokalbestimmung (adverbiale Bestimmung des Ortes)	Schuld und Läuterung
b)	beide	…Satzreihe.	Imperativ	müssen	… eine lebendige und anschauliche Schilderung von Ereignissen. /… ein Erlebnisbericht.
c)	Verona	Das Fahrrad wurde vom Dieb gestohlen.	am gefährlichsten	Ich denke, dass du besser einen anderen Weg nehmen solltest.	offerieren
d)	Ich male ein Bild wie der Müller das Mehl mahlt.	wäre	parallel	Exposition	Adjektiv

Deutsch-Basics-Trainer • Klasse 10 – Bestell-Nr. 13 053
KOHL VERLAG

29	Montag	Dienstag	Mittwoch	Donnerstag	Freitag
a)	Der Stein ist ins Rollen gekommen.	Liter	Die Diskussion wurde intensiv geführt.	abschnitts- oder strophenweise Wiedergabe des Inhalts mit eigenen Worten	Kopfbedeckungen
b)	Perfekt	Gabe, Mitbringsel, Aufmerksamkeit, Präsent, Bescherung …	Er fragte: „Geht es dir auch gut?“	Da sieht man/ ~~Mann~~, dass das nichts bringt.	Antithese
c)	gibt es nicht	… nachweisbare Tatsachen.	Kreuzreim	bedienen, ausdienen, verdienen, Verdienst, dienstlich, dienstfrei, diensthabend …	Fremdwort
d)	Gelehrtentragödie und Gretchentragödie	Er schließt die Tür, damit niemand ins Haus kann.	Der Empfänger hatte das Paket abgeholt.	Joghurt(s)	Unterschrift (des Protokollanten)

30	Montag	Dienstag	Mittwoch	Donnerstag	Freitag
a)	Wischt die Tafel ab!	währenddessen	Adjektiv	… Experten.	Hanna Schmitz
b)	Ihr ~~warten~~/ Warten hat sich gelohnt.	Die Mannschaft wollte auf Biegen und Brechen gewinnen.	Das Stadtfest beginnt am Montag, dem 17. April, um 16 Uhr.	Reportage	Schweifreim
c)	gären, sehen, Bestäubung, verteufelt	Tatzeit	äußere Lebensumstände	Er wird Wasser geholt haben.	ich bin gesprungen
d)	schnell	zusammenpassen, verpassen, passend, passgenau, Anpassung, Aufpasser …	Euphemismus	Gemüse	Attributsatz

31	Montag	Dienstag	Mittwoch	Donnerstag	Freitag
a)	… vier Strophen mit jeweils zwei Quartetten (*Vierzeiler*) und zwei Terzetten (*Dreizeiler*).	Pfeife, Meer/ Moor, Glied, Aal	Ich mache jeden ~~morgen~~/Morgen Frühsport.	Konjunktiv II	Standpunkt erarbeiten
b)	Perfekt	wir schießen	Wie viele Geschwister hast du?	Italien	Klasse, Maß, Oase
c)	nein	Relativpronomen	Er rief: „Kannst du nicht besser aufpassen?“	wiederum	Das Inkrafttreten des Gesetzes erfolgt im März.
d)	meinungsäußernd	holen	Das Geld wird von Oma abgehoben.	Klimax	Temporalbestimmung (adverbiale Bestimmung der Zeit)

32	Montag	Dienstag	Mittwoch	Donnerstag	Freitag
a)	Vielen Dank für ~~ihr~~/Ihr Angebot, das/~~dass~~ ich gern annehme.	Werte und Regeln (Normen)	Er hat das Auto verkauft, damit er ihr den Ring kaufen kann.	nein	Und wenn sie nicht gestorben sind, … .
b)	Er meinte, das sei ein zu niedriges Gehalt.	entwickeln und wachsen können.	Da half nur noch lautes Schreien.	Verberstsatz	Passiv
c)	ausführen, durchführen, verrichten …	Obwohl es unmöglich erscheint, versuche ich es.	Dativ (Wem?) 3. Fall	18. Jh.	Georg Heym
d)	emotional	Du kannst das Gedicht lernen.	sie werden geschlafen haben	Stratford-upon-Avon	appellieren

Deutsch-Basics-Trainer • Klasse 10 – Bestell-Nr. 12 953 – KOHL VERLAG

33	Montag	Dienstag	Mittwoch	Donnerstag	Freitag
a)	er/sie/es wird gepackt haben	Anapher	aufgeben, aufgabenbezogen, Grundaufgabe, Staatsaufgabe, Aufgabengebiet …	Aussagesatz	Was maßen/ ~~massen~~ sie/Sie sich an!
b)	Globen und Globusse (beides ist möglich)	ja	eigenhändige Unterschrift	Capulets und Montagues	(Possessiv-) Pronomen
c)	Lokalbestimmung (adverbiale Bestimmung des Ortes)	Saat, Heimat, Tier/Tiere, Beere	Neologismus	umarmender Reim	Du kannst nicht Auto fahren.
d)	mögliche Lösungen: Karte, Straßen, Flüsse, Städte, Gebirge, Wirtschaft	vermehrt	HABEN**AUA**-NOCH**OH**JE-DERKLAROBE-N**AH**POSEGUT	Werde!	Theodor Fontane

34	Montag	Dienstag	Mittwoch	Donnerstag	Freitag
a)	Europäische Union	Positiv	Er kann gut fahren, dennoch ist er vorsichtig.	Niederlage	Filets
b)	dürfen	Julia sagt: „Ich gehe zur Gruft.“	Australien	du hast gezeigt	Aussehen
c)	ja	Gegensätze	Havarie	Das Auto fährt auf der Straße.	Akkusativ (Wen? /Was?)
d)	Ellipse	Husum	„Klar kannst du heute Nachmittag zu mir kommen“, sagte er.	Romantik	Es gibt nichts Brauchbares in dieser Küche!

35	Montag	Dienstag	Mittwoch	Donnerstag	Freitag
a)	Lyrik	Personifikation	Du darfst den Apfel essen.	Der Jäger muss den Wolf fangen.	Er wird das neue Auto präsentieren.
b)	ja	Dialog	Lass uns Fußball spielen!	Du solltest, gerade unter diesen Vorzeichen, vorsichtig sein.	gekonnt, endlich, Entgelt, Mitleid
c)	emotional	Du weißt genau, ~~das~~/dass das/ ~~dass~~ so nicht geht.	… eine Beschönigung.	Ich-Erzähler	Frankfurt am Main
d)	Antike	Geduld, Hufe, geehrte, Sohle	Auf den morgigen Tag freue ich mich sehr.	widerstehen	wir gewannen

36	Montag	Dienstag	Mittwoch	Donnerstag	Freitag
a)	Futur I	Inhaltsangabe	er/sie/es fliegt	Drama und Lyrik	Ich habe Angst, dass jemand darüber lacht.
b)	Der leuchtende Feuerball war weit zu sehen.	… Parallelen aus anderen Bereichen.	zunehmende Technisierung	Präposition	Ateliers
c)	Bericht, Nachricht, Meldung	Innenstadt	Präsens	Barock	furchtbarer
d)	Neuruppin	Heinrich der Achte hatte viele Ehefrauen.	Tritt!	Es ist noch so weit/~~soweit~~ zum Strand.	Sie sind in den Zoo gegangen.

Deutsch-Basics-Trainer • Klasse 10 – Bestell-Nr. 13 053
KOHL VERLAG

37	Montag	Dienstag	Mittwoch	Donnerstag	Freitag
a)	Christentum, Islam, Judentum	du wirst verschickt haben	Der Maler hat das Haus gestrichen.	journalistischen Textsorten	Dach, Fenster, Haustür, Türklingel, …
b)	Gedanken und Gefühle gemäß Aufgabenstellung	am meisten	Selbstmordversuch	Ich möchte auf ~~ihr~~/Ihr Angebot ~~zurück kommen~~/ zurückkommen.	Kommunikationsfähigkeit
c)	Deodorant	Bielefeld	Adjektivattribut	… Höhepunkt.	Selbstverwirklichung
d)	Die Bank befindet sich auf dem Doktor-Külz-Ring.	… warum ich mich gerade bei diesem Unternehmen bewerbe.	Kurzgeschichte	Er war aus dem Haus gekommen.	Emil widersetzte sich: „Ich ziehe diese Hose nicht an!“

38	Montag	Dienstag	Mittwoch	Donnerstag	Freitag
a)	ich trank	Homonym	Es steht etwas an der Tafel.	Restaurants	Wir hoffen, wir konnten Sie überzeugen, und danken für Ihr Interesse.
b)	„Neulich“, sagte Frau Mayer, „waren wir in Dresden.“	journalistischen Textsorten	Frau Hauser erzählte, das hätten sie damals so gemacht.	… „Nutze den Tag!“	Wien
c)	vielleicht	Akkusativ (Wen? /Was?)	Chiasmus	Gewinn, gewinnbringend, gewinnerzielend, Gewinner, zurückgewinnen …	Adverb
d)	Maschine, exportieren, Biene, Biologie	zwei (erlebtes Ich: Michael Berg 15 Jahre; erinnerndes Ich: Michael Berg, 50 Jahre)	Ich mag mehr Kartoffeln essen.	Am ersten Donnerstag des Monats fahren wir zum Schwimmen.	flüstern

39	Montag	Dienstag	Mittwoch	Donnerstag	Freitag
a)	Mit freundlichen Grüßen	Beziehung zu anderen Personen	nein	wollen	Willensfreiheit
b)	abba – abba – ccd – eed	Halloween	Ich denke, dass das ein gutes, ehrliches Angebot ist.	passieren	ich hatte bezahlt
c)	Am besten gefällt mir der neue Spielplatz.	… richtigen Staatsmodell.	Lehnwort	… „Gedenke des Todes!“	Antoine de Saint-Exupéry
d)	Genitivattribut/ Präpositional-attribut	sachlich	Ich bin einkaufen gewesen.	Die Soldaten, die müde sind, marschieren weiter.	sachlich

40	Montag	Dienstag	Mittwoch	Donnerstag	Freitag
a)	ja	DDR.	Gesellschaft	Bäume, Erlebnis, Säge, bedeuten	Er verkündete: „Ich werde Vater!“
b)	sie haben geglaubt	„Hast du deine Eintrittskarte schon gekauft?“, fragte Sarah.	Paarreim	Sprich!	Dativ
c)	schmusen, fleißig, muss, wissen	gießen	erkundigen, nachhaken, befragen, ermitteln, aushorchen …	Sie sagten: „Die Arbeit ist zu schwer gewesen.“	bestimmter Artikel
d)	Pakt	Antithese	Das Schild wurde von ihm aufgestellt.	~~So fern~~/Sofern du mir zustimmst, kaufe ich die Karten.	Demnächst kannst du das Ganze alleine machen!

41	Montag	Dienstag	Mittwoch	Donnerstag	Freitag
a)	Präteritum	Verbletztsatz	Lehnwort	er/sie/es lernt	… die Grundbedeutung/ wörtliche Bedeutung eines Wortes.
b)	mein/meine	Ich werde ins Museum gegangen sein.	meinungsäußernd	Satzgefüge	Interjektion
c)	Theodor Storm	rhetorische Frage	Pizzas oder Pizzen (beides ist möglich)	Deutsch, Mathe, Englisch, Physik, …	Das ist etwas Grünes auf der Hose.
d)	Er kam zur Tür herein.	Der Pfarrer hat eine schöne Predigt gehalten.	theoretisch	Ich bewerbe mich um einen Praktikumsplatz.	Das Kind, das/ ~~dass~~ ich im Bus getroffen habe, ist die Tochter des Nachbarn.

42	Montag	Dienstag	Mittwoch	Donnerstag	Freitag
a)	Leserbrief	ja	… um versteckt Kritik an den Herrschern zu üben.	Strände, lächeln, Teller, lecker	Betreffzeile
b)	ging	In der Theorie ist alles sonnenklar, nur in der Praxis ist es schwer.	Subjekt	du wirst gesagt haben	ja
c)	Sturm und Drang	Adjektiv	Es regnet stark, deshalb wird das Konzert verschoben.	nein	Aktiv
d)	aufrufen	Mobilität	Beschreibung, Bewertung oder Wiedergabe der Meinung über den Inhalt eines Buches oder künstlerischen Werkes	Pfleger, gepflegt, Pflegeheim, Verpflegung, ungepflegt, pflegeleicht …	Anne sagte, sie hätten am Tag zuvor Pizza gegessen.

Deutsch-Basics-Trainer • Klasse 10 – Bestell-Nr. 13 053
KOHL VERLAG

43	Montag	Dienstag	Mittwoch	Donnerstag	Freitag
a)	Ich werde morgen ins Kino gehen.	Opfer	ja	Antithese	Tragödie
b)	Präsens	Hyperbel (Übertreibung), Euphemismus (Beschönigung), Karikatur, Parodie (verspottende Nachahmung), Ironie, Vergleich, Metapher, Neologismus, Paradoxon…	Grußformel	Kirche	Michael Berg
c)	Friedemann Schulz von Thun	Präsentationstechniken	Sie seufzte, sie müssten heute gewinnen.	Neulich, als wir im Park waren, kam die Feuerwehr.	… die Vorsilbe eines Wortes.
d)	Ich <u>werde</u> morgen in den Wald <u>gehen</u>.	Wünsche und Hoffnungen	Oma möchte ihr gewohntes Zuhause nicht verlassen.	Ich-Zerfall	er/sie/es hat buchstabiert

44	Montag	Dienstag	Mittwoch	Donnerstag	Freitag
a)	Sultan Saladin	wir hatten gehalten	Marbach am Neckar	Superlativ	… eine Steigerung.
b)	„Fasse dich kurz!“, forderte der Lehrer auf.	Adverb	Bibel, Limit, extrahieren, Virus	kutschieren, gondeln, lenken, brausen, rollen …	Theorie
c)	falsch (Zeilen- bzw. Versangabe fehlt)	Gleichnis	Der Kuchen hat uns gut geschmeckt.	Wir möchten ~~sie~~/Sie zu einem Vorstellungsgespräch einladen.	Der Stein der Weisen ist von ihm gefunden worden.
d)	Museen	dumm	Haufenreim	Erdgeist	Expressionismus

KOHL VERLAG Deutsch-Basics-Trainer • Klasse 10 – Bestell-Nr. 13 053

45	Montag	Dienstag	Mittwoch	Donnerstag	Freitag
a)	Haufenreim	sein/seine	Putzmunter, verputzen, Putzfimmel, Putzfrau, putzig, herausputzen …	ich erbaute	Liebe
b)	Zeugen	Im Buch steht viel Erfundenes und Fantastisches.	„Prächtiger“, rief er entzückt, „kann man ein Kleid nicht nähen!“	Westover	Profite
c)	Er wollte dem Tier den ~~garaus machen~~/ Garaus machen.	Höflichkeitsformen	vier	Ihr kommt eurem Ordnungsdienst wieder nicht nach.	Chiasmus
d)	Der Polizist hat viele nützliche Hinweise bekommen.	falsch	Kubismus, Magen, Kohl, grüßen	Attributsatz	Ich gehe zum Lehrer, wenn du mitkommst.

46	Montag	Dienstag	Mittwoch	Donnerstag	Freitag
a)	… welche persönlichen Fähigkeiten ich besitze und wie diese zum Beruf passen.	Fremdwort	Relativpronomen	Tatmotiv	wahr
b)	Die Ampel ist grün.	Beschwörung des Erdgeists	ihr werdet treffen	Ich werde mit einem gebrochenem Arm davonkommen/ ~~davon kommen~~.	stark
c)	falsch	Absolutismus	Gretchen (Margarete)	Nachkriegsliteratur	Dreißigjähriger Krieg
d)	Wir wollen ins Haus gehen.	international	Der Bürgermeister meinte: „Das Dorffest war ein voller Erfolg gewesen.“	Dresden	Identität

47	Montag	Dienstag	Mittwoch	Donnerstag	Freitag
a)	Er kann mit dem Rad fahren.	Genie	Numeral	personaler Erzähler	mögen
b)	du legtest	… persönliche, soziale und methodische Kompetenzen.	Verbletztsatz	Ich bedanke mich für ~~ihre~~/ Ihre Einladung zum Gespräch.	Schweifreim
c)	Ping-Pong-Prinzip	Du hast das Grüne auf die Hose gemacht.	Mir wird meine Post vom Nachbarn gegeben werden.	unfassbar, Süße, genauso, hässlich	Dramatik
d)	Kasus	erklärend	„Was wunderst du dich“, fragte sie, „über die schlechte Note?“	Adjektive	Präteritum

48	Montag	Dienstag	Mittwoch	Donnerstag	Freitag
a)	Drama	Verberstsatz	Eichendorff	… die Endung eines Wortes.	Marthe
b)	nein	ihr/ihre	Lobby	… Neuen Sachlichkeit.	Migration
c)	Organ im Körper	… dem schwächsten Argument.	Wortneuschöpfung	Neulich waren viele Patienten in der Arztpraxis.	wir werden nacherzählen
d)	Sieh!	Paarreim	Die Maschine ist heute nicht mehr wegzudenken/ ~~weg zu denken~~.	… Zeilensprung.	„Was ist passiert?“, fragte sie erschrocken.

Deutsch-Basics-Trainer • Klasse 10 – Bestell-Nr. 13 053
KOHL VERLAG

49	Montag	Dienstag	Mittwoch	Donnerstag	Freitag
a)	Parallel-geschichte	Akkusativ	Teams	beides	am sichtbarsten
b)	abenteuer<u>lich</u>	ihr fühltet	Apparat	jung	Ort und Datum
c)	Berater, beratend, Rater, Rätsel, Rathaus, ratlos …	Im Westen nichts Neues	Die Kinder schnitzten den Kürbis.	Lotte	falsch
d)	Der Kuchen, der vom Bäcker aus der Stadt ist, schmeckt gut.	Epipher	OBENGER-NUND**<u>WENIG</u>**JA-**<u>SECHS</u>**TR**<u>ACHT-NEUNZIG</u>**WOHL	Bitte senden ~~sie~~/Sie mir eine Bestätigung.	Prädikat

50	Montag	Dienstag	Mittwoch	Donnerstag	Freitag
a)	ja	Straße	Tatort	Personifikation	geben
b)	Gleis, Soße, Verhängnis, Messer	Wie?, Warum?	nein	Frau Lauer meinte: „Der Nachbar hat sich verdächtig verhalten."	Ich gehe öfter in den Wald <u>und</u> sammle Pilze.
c)	Karl wird einen guten Aufsatz schreiben.	Camembert	Gehst du morgen/~~Morgen~~ zum Friseur?	Partikel	richtig
d)	Visa/Visen	Schweifreim	Leg!	er/sie/es hat gefunden	Ich bin verärgert, weil ich nicht pünktlich mit dem Unterricht beginnen kann.

Deutsch-Basics-Trainer • Klasse 10 – Bestell-Nr. 13 053
KOHL VERLAG

51	Montag	Dienstag	Mittwoch	Donnerstag	Freitag
a)	Wertung	sie verließen	Mimik und Gestik	Kerker	Ich habe es eilig.
b)	Aus Schaden wird man/~~Mann~~ klug.	Prag	Beobachter, Beobachtungs-station, beobacht-bar, unbeobach-tet, beobachtend …	Passiv	vorschlagen
c)	falsch	ja	Zeugniskopien	… den Wendepunkt.	politische Freiheit
d)	Klischee	Religions-zugehörigkeit	Ich gebe dir mein Wort, dass ich nicht lüge.	Säulen-diagramm	sprachlich

52	Montag	Dienstag	Mittwoch	Donnerstag	Freitag
a)	Sehr geehrte Damen und Herren,/ Sehr geehrter Herr …, / Sehr geehrte Frau …,	Tod	… die Neben-bedeutung/ übertragene Bedeutung von Wörtern.	dein/deine	Das Wichtigste zuerst!
b)	„Kannst du mir das Buch ge-ben?“, fragte Eva.	mehr	entbehren	richtig	Aufklärung
c)	Diphthong	können	du hattest verkauft	Selbstgespräch	Das Papier wird (von mir) zerschnitten.
d)	sechs	Vorkommnis, Riss, Rasierer, Grieß	Personifikation	methodisch	ja

Deutsch-Basics-Trainer • Klasse 10 – Bestell-Nr. 13 053

KOHL VERLAG

	Montag	Dienstag	Mittwoch	Donnerstag	Freitag
a)					
b)					
c)					
d)					
☺ ☹	Bewertung: a) ______ b) ______ c) ______ d) ______	Bewertung: a) ______ b) ______ c) ______ d) ______	Bewertung: a) ______ b) ______ c) ______ d) ______	Bewertung: a) ______ b) ______ c) ______ d) ______	Bewertung: a) ______ b) ______ c) ______ d) ______

?	Zu folgenden Aufgaben habe ich noch Fragen:	Schreibe in dein Heft, deinen Ordner oder auf ein Extrablatt!

	Montag	Dienstag	Mittwoch	Donnerstag	Freitag
a)					
b)					
c)					
d)					